# 陆军部队级装备维修
保障作业模式

刘铁林 武永乐 张海峰 黄欣鑫 著

国防工业出版社

·北京·

## 内 容 简 介

本书结合我军规模结构和力量编成改革的时代背景,围绕装备维修保障转型发展,以新形势下陆军部队级装备维修保障作业模式创新需求为牵引,着眼提高装备维修保障效益,运用系统理论、重组理论、自组织理论等方法,探索现阶段陆军部队级装备维修保障作业的方法。

本书立足平时、兼顾战时,提出了陆军部队级装备维修保障作业模式的创新目标——基于网络信息体系的随需自组织装备维修保障作业模式,解决了陆军部队级装备维修保障作业模式创新的三个基本问题,即如何作业任务统筹、如何作业力量编组和如何作业流程优化。

本书可作为军事院校装备维修保障课程教学用书,也可供机关、部队以及关心国防事业的有关人员参考。

图书在版编目(CIP)数据

陆军部队级装备维修保障作业模式/刘铁林等著.
—北京:国防工业出版社,2022.3
ISBN 978-7-118-12201-5

Ⅰ.①陆… Ⅱ.①刘… Ⅲ.①武器装备-维修-军需保障 Ⅳ.①E246

中国版本图书馆 CIP 数据核字(2021)第 278009 号

※

国防工業出版社出版发行
(北京市海淀区紫竹院南路23号 邮政编码100048)
天津嘉恒印务有限公司印刷
新华书店经售

\*

开本 710×1000 1/16 印张 11¾ 字数 205 千字
2022 年 3 月第 1 版第 1 次印刷 印数 1—2000 册 定价 98.00 元

(本书如有印装错误,我社负责调换)

国防书店:(010)88540777　　书店传真:(010)88540776
发行业务:(010)88540717　　发行传真:(010)88540762

# 序

我军新体制编制改革的落实、武器装备的大规模升级换代、装备维修保障手段的快速发展,给部队装备维修保障带来了前所未有的机遇和挑战,使传统的条块分割式、固定预置式、追求规模与数量的装备维修保障作业模式与新形势下陆军遂行使命任务的装备维修保障要求越来越不适应。因此,部队如何有效开展装备维修保障作业,如何系统分析装备维修保障,如何探索新的装备维修保障作业模式,如何使装备维修保障效益达到最优,已成为当前我军关注的焦点问题。

本书以我军规模结构和力量编成改革为背景,围绕装备维修保障转型发展,以新形势下陆军部队级装备维修保障需求为牵引,着眼提高装备维修保障效益,运用系统理论、重组理论、自组织理论等方法,立足平时、兼顾战时,探索现阶段陆军部队级装备维修保障作业模式,并重点分析维修任务、维修力量、维修流程三个关键的内容,为创新陆军部队级装备维修保障作业模式理论与方法体系提供支撑。本书内容主要有以下几个方面。

一是理清了创新陆军部队级装备维修保障作业模式的基本思路。界定了相关概念,系统分析了装备维修保障作业的组成要素,归纳了我军装备维修保障作业现状及不足,描述了新时期装备维修保障作业模式需求和发展策略。

二是提出了陆军部队级装备维修保障作业模式的创新目标——基于网络信息体系的随需自组织装备维修保障作业模式,并分析了这种模式的内涵、能力构成和运行支撑,丰富了陆军部队级装备维修保障的理论研究和实践参考。

三是解决了陆军部队级装备维修保障作业模式创新的三个基本问题,即如何作业任务统筹、如何作业力量编组和如何作业流程优化。在作业任务统筹上,明确了统筹的思路和方法,并初步构建了陆军部队同级分队任务区分的模型;在作业力量编组上,分析了陆军部队级装备维修保障力量编组的主要做法,描述了力量编组的整体步骤,运用了基于聚合解聚模型的编组方法;在作业流程优化上,通过对传统陆军部队级装备维修保障作业流程的研究,确立了在作业调度、专业重组、区位选择、组织形式上的优化方法,并以全面构建网络信息体系、健全建强维修手段、创新发展保障要素、调整优化器材请领方式为着眼点,提出了陆军部队级装备维修保障作业流程优化的方法和途径。

本书的研究成果对丰富装备维修保障理论体系,推动陆军部队级装备维修保障作业模式转型发展,指导陆军部队级装备维修保障建设具有一定的参考和借鉴意义。由于作者的研究水平及能力所限,书中不够完善、不够准确乃至错误之处在所难免,恳请有关专家批评指正。

作 者

2019 年 6 月

# 目 录

## 第一章 绪论 ······················································· 1
### 第一节 研究背景 ················································ 1
### 第二节 研究目的和意义 ········································ 2
一、研究目的 ················································· 2
二、研究意义 ················································· 3
### 第三节 相关理论 ················································ 4
一、系统理论 ················································· 4
二、系统重组理论 ············································ 5
三、装备保障理论 ············································ 5
四、自组织、自适应理论 ····································· 6
### 第四节 相关概念 ················································ 8
一、部队级 ···················································· 8
二、装备维修保障 ············································ 8
三、作业、模式 ··············································· 9
四、装备维修保障作业模式 ································ 10
### 第五节 研究现状 ··············································· 11
一、外军研究现状 ··········································· 11
二、国内研究现状 ··········································· 13
三、分析与总结 ············································· 15
### 第六节 研究思路与内容 ······································ 16
一、研究思路 ················································ 16
二、研究内容 ················································ 17
### 本章小结 ························································· 19

## 第二章 陆军部队级装备维修保障作业需求分析 ············ 20
### 第一节 陆军部队级装备维修保障作业现状及不足 ······ 20

V

一、装备维修保障作业模式创新方面 …………………………… 21
　　二、装备维修保障任务管理方面 ……………………………… 21
　　三、装备维修保障力量编组方面 ……………………………… 22
　　四、装备维修保障作业运行方面 ……………………………… 22
　　五、网络信息体系建设方面 …………………………………… 23
　第二节　陆军部队级装备维修保障作业面临的新形势 ………… 23
　　一、陆军装备集中统管，维修内涵不断拓展 ………………… 24
　　二、装备体系加快升级，维修保障作业模式亟待转型 ……… 24
　　三、装备维修保障力量整合重组，维修保障能力加快提升 … 24
　　四、装备维修保障压力增大，维修保障质量要求更高 ……… 25
　第三节　装备维修保障的时代特性分析 ………………………… 25
　　一、装备维修保障的复杂性分析 ……………………………… 25
　　二、装备维修保障的不确定性分析 …………………………… 27
　第四节　外军装备维修保障作业的做法及启示 ………………… 29
　　一、美国军队主要做法 ………………………………………… 29
　　二、俄罗斯军队装备保障新发展 ……………………………… 31
　　三、启示 ………………………………………………………… 48
　第五节　基于SWOT分析模型的陆军部队级装备维修保障作业
　　　　　模式需求描述 ………………………………………… 49
　　一、SWOT分析模型简介 ……………………………………… 49
　　二、装备维修保障作业模式的发展策略 ……………………… 51
　本章小结 …………………………………………………………… 53

第三章　陆军部队级装备维修保障作业模式创新构想 ………… 54
　第一节　装备维修保障作业模式的要素分析 …………………… 54
　　一、陆军部队级装备维修保障作业系统的功能 ……………… 54
　　二、陆军部队级装备维修保障作业系统的组元 ……………… 54
　　三、陆军部队级装备维修保障作业系统的结构 ……………… 56
　　四、陆军部队级装备维修保障作业系统的运行 ……………… 58
　　五、陆军部队级装备维修保障作业系统的环境 ……………… 59
　第二节　构建装备维修保障作业模式遵循的原则 ……………… 60
　　一、问题导向、体系优化 ……………………………………… 60

二、信息主导、实时调控 ……………………………………… 60
　　三、结构合理、灵活编组 ……………………………………… 61
　　四、流程简捷、运行高效 ……………………………………… 61
  第三节　基于网络信息体系的随需自组织装备维修保障作业模式
　　　　设计 ………………………………………………………… 61
　　一、随需自组织装备维修保障作业模式的内涵阐释 ………… 62
　　二、随需自组织装备维修保障作业模式与传统模式的区别 … 65
　　三、随需自组织装备维修保障作业模式的能力构成 ………… 66
　　四、随需自组织装备维修保障作业模式的运行支撑 ………… 67
  第四节　推进随需自组织装备维修保障作业模式的关键问题 …… 70
  本章小结 ……………………………………………………………… 71
第四章　随需自组织装备维修保障作业模式的机制特征 …………… 72
  第一节　自组织、自适应装备维修保障构成要素 ………………… 72
　　一、自组织、自适应装备维修保障主体 ……………………… 72
　　二、自组织、自适应装备维修保障对象 ……………………… 74
　　三、自组织、自适应维修保障装备 …………………………… 75
　　四、自组织、自适应装备维修保障信息 ……………………… 77
  第二节　自组织、自适应装备维修保障主要特征 ………………… 78
　　一、自组织、自适应装备维修保障信息主动感知、实时共享 … 78
　　二、自组织、自适应装备维修保障决策人机一体、自主优化 … 79
　　三、自组织、自适应装备维修保障机动自主寻路、反应快速 … 81
　　四、自组织、自适应装备维修保障作业精确高效、资源集约 … 82
  第三节　自组织、自适应装备维修保障过程 ……………………… 84
　　一、获取装备维修保障信息 …………………………………… 84
　　二、装备维修保障自主分析决策 ……………………………… 85
　　三、装备维修保障自主寻路机动 ……………………………… 87
　　四、装备维修保障作业实施 …………………………………… 91
  本章小结 ……………………………………………………………… 94
第五章　陆军部队级装备维修保障作业任务统筹 …………………… 95
  第一节　装备维修保障作业任务统筹现状 ………………………… 95
  第二节　装备维修保障作业任务统筹思路 ………………………… 98

第三节　装备维修保障作业任务统筹方法 …………………… 100
　一、业务机关统一计划 …………………………………………… 100
　二、调度机构统一管控 …………………………………………… 101
　三、专业工种统一作业 …………………………………………… 103
　四、装备维修保障质量统一调控 ………………………………… 104
　五、物资器材统一保障 …………………………………………… 105
第四节　基于 QFD 的同级分队装备维修保障作业任务区分 …… 106
　一、装备维修保障作业任务区分流程 …………………………… 106
　二、QFD 模型简介 ……………………………………………… 107
　三、基于 QFD 的装备维修保障作业任务区分要素评估分析 … 108
　四、实例分析 ……………………………………………………… 111
本章小结 ……………………………………………………………… 112

# 第六章　陆军部队级装备维修保障力量作业编组 …………… 113
第一节　装备维修保障力量的构成 ………………………………… 113
第二节　装备维修保障力量作业编组的目标和原则 ……………… 114
　一、陆军部队级装备维修保障力量编组的目标 ………………… 114
　二、陆军部队级装备维修保障力量编组的原则 ………………… 115
第三节　装备维修保障力量作业编组的主要做法 ………………… 116
　一、合理组配工种，重组专业岗位 ……………………………… 117
　二、着眼作业需求，抽组保障单元 ……………………………… 118
　三、立足装备综合维修保障，优化编组样式 …………………… 119
　四、适应任务变化，组配规模适中 ……………………………… 120
第四节　基于聚合解聚的装备维修保障力量作业编组方法 ……… 121
　一、装备维修保障力量聚合解聚的基本分析 …………………… 121
　二、装备维修保障力量聚合解聚表示 …………………………… 121
　三、解聚途径 ……………………………………………………… 124
　四、模块化力量聚合编组过程 …………………………………… 127
本章小结 ……………………………………………………………… 131

# 第七章　陆军部队级装备维修保障作业流程优化 …………… 132
第一节　传统的装备维修保障作业流程介绍及问题分析 ………… 132
　一、装备维修保障作业流程介绍 ………………………………… 132

二、基于 IDEF3 的装备维修保障作业流程分析 ……………… 133
　　三、装备维修保障作业流程存在的问题 …………………… 136
　第二节　装备维修保障作业流程应具备的特点和要求 …………… 138
　　一、装备维修保障作业流程的特点 ………………………… 138
　　二、装备维修保障作业流程的要求 ………………………… 140
　第三节　装备维修保障作业流程优化方法 ………………………… 142
　第四节　装备维修保障作业流程优化的实现途径 ………………… 145
　本章小结 ………………………………………………………… 149

# 第八章　陆军部队级装备维修保障作业模式评价 …………………… 150
　第一节　陆军部队级装备维修保障作业模式评价概述 …………… 150
　　一、装备维修保障系统效能及评价 ………………………… 150
　　二、评价的要素 ……………………………………………… 151
　　三、评价的原则 ……………………………………………… 152
　　四、评价的程序 ……………………………………………… 153
　第二节　陆军部队级装备维修保障作业模式评价指标体系设计 …… 154
　　一、评价指标体系设计要求与步骤 ………………………… 155
　　二、基于综合协调理念的评价指标的选择 ………………… 157
　　三、评价指标的归一化方法 ………………………………… 161
　第三节　基于模糊综合评价的陆军部队级装备维修保障作业
　　　　　模式评价 ……………………………………………… 162
　　一、模糊综合评价模型 ……………………………………… 162
　　二、层次分析法确定指标权重 ……………………………… 164
　第四节　陆军部队级装备维修保障作业模式评价实例 …………… 167
　本章小结 ………………………………………………………… 170

# 第九章　总结与展望 …………………………………………………… 172
　第一节　研究工作内容 …………………………………………… 172
　第二节　创新工作总结 …………………………………………… 173
　第三节　未来工作展望 …………………………………………… 174

**参考文献** ……………………………………………………………… 175

# 第一章 绪 论

## 第一节 研究背景

我军全面实施改革强军的战略,实现了体系重塑、结构重组、编成重构,战斗力生成模式发生了根本性变化。装备保障能力,特别是装备维修保障能力作为部队战斗力的重要组成部分,必须积极适应时代发展和军队建设需要。通过贯彻新思想、把握新规律实现装备维修保障作业模式转变,加快提高部队级装备维修保障力量履行新使命、完成新任务的能力。我军装备维修保障作业模式发展背景如图1-1所示。

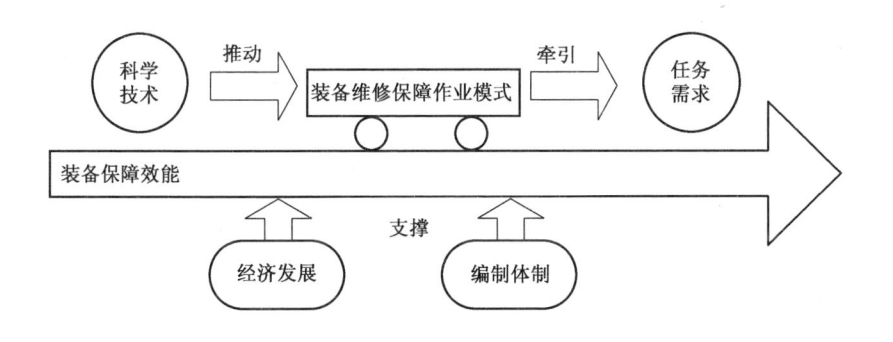

图1-1 我军装备维修保障作业模式发展背景

（1）使命任务的变化牵引装备维修保障作业模式的变革。习主席强调:"要在新的起点上加快推进陆军转型建设,努力建设一支强大的现代化新型陆军"。我军的作战使命进一步拓展,转型建设进一步加快。为此,装备维修保障应紧跟发展、整体推进,以崭新的理念和举措创新装备维修保障作业模式,加快装备维修保障科学组织、精准高效、自主灵活能力的建设。在完成使命任务过程中不断优化装备维修保障作业体系、调整装备维修力量、改革装备维修方式、提升装备保障效率。

（2）科学技术的进步推动了装备维修保障作业模式的转型发展。随着高新技术应用于作战领域，技术密集型装备列装部队，部队的装备体系结构发生了显著的变化，装备维修专业分工细化，装备修理技术和工艺日趋复杂。装备维修保障也应贯彻体系设计、层次衔接、系统配套的理念同步发展，坚持信息主导、技术推动，加快推进新概念、新方法、新技术的运用，探索装备维修保障作业的新模式，不断加快装备维修保障作业能力升级。

（3）经济发展和部队体制编制的改革为创新装备维修保障作业模式提供了基础支撑。随着我国综合国力的提升，我军武器装备呈现出跨越式发展，陆军约70%的部队进行了改制换装，部队的装备维修保障由数量规模型向精准效益型转变，新体制编制的改革给装备维修保障作业模式带来了前所未有的机遇和挑战。从当前情况看，装备维修保障作业体制逐步向部队级和基地级两级转变，部队级装备维修保障对象有所调整、任务发生改变、力量不断加强，迫切需要加快优化作业流程、明确任务分工、合理编组力量，不断满足快速机动、专业综合、功能一体要求的装备维修保障作业模式研究。

在这种背景下，为突破传统的装备维修保障作业模式，立足于时代环境变化，从基层需求出发研究装备维修保障作业模式创新问题。通过以装备维修保障作业模式变革为牵引推动装备维修保障转型的理念，系统研究新形式下装备维修保障作业模式问题，力求为新时期我军部队级装备维修保障作业活动提供方法参考。

## 第二节　研究目的和意义

### 一、研究目的

随着陆军新体制编制的改革，陆军部队级装备维修保障作为战争保障和打赢的重要支撑，确立什么样的建设理念，创建什么样的建设模式，形成什么样的组织形态，如何调整任务统筹，如何实施力量编组,如何优化作业流程等,是亟待解决的关键问题。本书的研究目的就是针对这些问题,着眼当前陆军装备维修保障转型建设特点,以部队现实需求出发,改进传统的装备维修保障思路,研究新编制、新体制下装备维修保障作业模式的相关问题。一方面,依据军事装备维修保障的活动,运用科学的方法进行总结概括和抽象分析,揭示军事装备维修保障作业的特殊规律;另一方面,研究和创新装备维修保障作业模式,指导陆军部队级装备维修保障实践活动。

**二、研究意义**

积极探索研究基于时代要求的装备维修保障作业模式是装备维修保障建设的一项基础性、前瞻性内容,对于基层部队顺利开展装备维修保障工作、加快提升装备维修保障能力、切实做好军事斗争准备有着重要的现实意义和理论价值。

(1) 有利于解决部队级装备维修保障作业缺乏方法指导的现实问题。部队经过改革后,从基层部队装备维修保障作业实际情况来看,各单位基本沿用传统的作业模式,偏重于大而全的基础设施建设和装备维修保障设施、设备的改进,其思维是以专项建设牵引总体能力的提升。各单位装备维修保障作业方法与能力水平不尽相同,在装备维修保障作业模式创新发展中缺乏有效的方法指导。因此,新时期迫切需要适应当前装备维修保障转型,突破传统的装备维修保障作业模式思维定势。从适应新形势、新要求的视角,探索装备维修保障作业模式,从而为确立当前我军装备维修保障作业的新模式提供方法。

(2) 有利于提高部队级装备维修保障的效率和效益。模式是作业过程中应当遵守的基本范式。该模式科学与否,对于装备维修保障作业效率和实践效益具有至关重要的影响和制约作用。两支装备维修能力和训练水平相当的装备维修保障力量,作业效率和效益高低的关键就是采用的作业模式的优劣,因此研究装备维修保障作业模式有利于装备维修保障力量适应军事变革、注重质量建设、实现跨越发展。

(3) 有利于丰富完善部队级装备维修保障理论体系。多年来,军事装备维修保障理论建设随着实践活动快速发展,取得了许多重大学术成果和社会、经济效益。虽然装备维修保障作业领域的实践多于理论,但是作业模式的理论研究缺乏深度,部队基层在工作中存在一些瓶颈,各部队装备维修保障作业操作和运行上大相径庭,特别是在组织结构调整、任务流程优化、维修力量重组等方面缺乏定性定量描述。这就要求多方位地研究装备维修保障作业规律,丰富发展装备维修保障理论体系。

# 第三节 相 关 理 论

## 一、系统理论

近代科学的系统概念反映了新的科学的世界观和方法论,即系统观和系统工程方法论。许多科学研究和社会实践告诉人们,认识事物特别是复杂事物,仅从组成分析着手认识整体的性质是不够的,要从这些事物成分相互关联的特性认识整体的性质,更要将认识的对象视为环境大系统的一部分,从它与环境中其他系统的关联,从它在大系统中所处的地位、担负的角色进行分析和认识,这就是现代系统思想。

如果用一种思辨语言来表述,则系统是指把考察的事物看成由相互联系、相互依赖、相互制约、相互作用的事物与过程形成的整体,整体性质又是各组成部分相互关联综合的统一性结果。现代系统概念正是基于这一认识,在对如何反映系统整体性质进行深入剖析基础上形成的。

美国著名系统管理科学家拉塞尔·L·阿克夫(Russel L. Ackoff)认为,系统是由两个或两个以上相互联系的任何种类的要素所构成的集合。我国著名科学家钱学森认为,系统是由相互作用和相互依赖的若干组成部分结合的具有特定功能的有机整体。目前,虽然对系统的定义并不完全统一,但有些基本认识是一致的,即系统是具有若干可以相互区别、相互依存、相互联系与作用的要素所组成的有机整体,具有某种结构和特定的功能,处于一定的环境中,为达到某种预定目的而产生和发展。

## 二、系统重组理论

系统重组是系统理论的应用,其理论基础是系统演化理论。

演化性是系统的普遍特性,任何系统都处在演化与变革中。重组作为系统演化与变革的手段与途径,必须遵循系统演化与变革的基本规律,满足系统演化与变革的基本要求。在系统理论中,系统演化的动力来自内部之间、内部与外部之间的相互作用,这些相互作用导致系统规模,特别是组元、子系统之间关联方式发生改变,导致系统功能及其他特性出现变化。

自20世纪90年代以来,"重组"作为一种新的管理思想与手段,引起了理论界和实业界的广泛关注,并在很多领域进行了研究和应用,这些成果为研究装备维修保障系统重组奠定了实践基础。

20世纪后期,由于企业机构臃肿、程序僵化,导致企业运营成本高、浪费大,对市场变化的反应迟缓,以职能分工为基础的传统企业组织管理模式与技术快速发展和市场迅速变化的新形势越来越不相适应。针对这些问题,1990年美国管理学家米歇尔·哈默(Michael Hamner)率先提出了业务流程重组(business process reengineering,BPR)的概念。此后,围绕BPR的内涵、必要性、作用以及流程分析模型、重组实施策略,许多学者进行了深入探讨,发表了许多学术论文,出版了许多专著。

BPR作为系统重组的发端,是从流程的角度出发,立足于提高组织的整体绩效,逐渐演变成各领域实施重组工作的理论基础。从BPR理论可以得到的启示是如何将现行的职能型装备维修保障组织,重组为基于业务流程的具有快速反应能力的任务型组织。该理论为装备维修作业流程的优化提供了理论依据。

## 三、装备保障理论

在军事装备学领域,装备保障拥有丰富的学术内涵。《中国军事百科全书》(第二版)中的《军事装备保障学科分册》认为,装备保障是军事装备保障的简称,是为满足部队遂行各项任务需要,对装备采取的一系列保证性措施以及进行的相应活动的统称。

从"装备保障学"的理论可以认为,装备保障是军队为使所编配的武器装备遂行各种任务而采取的各项保障性措施与进行的组织指挥活动的统称,是装备工作的重要组成部分。一是强调装备保障的功能与目的,即服从并服务军队建设和军事斗争对武器装备的需求;二是解释了装备保障的活动内容,各项保障性措施和组织指挥活动;三是说明了装备保障隶属关系,是装备工作的重要组成部分。装备保障主要包括装备供应保障和装备技术保障两部分。

《中国人民解放军军语》(2011年版)对装备保障的解释:军队为满足作战和其他任务需要而在装备调配、维修、经费等方面组织实施的保障。

各类文献和定义将装备保障定义为一种活动,丰富了装备保障内涵和实践,不断探索了装备保障规律、保障方式,规范装备保障体制、保障机制,这是装备保障领域的理论基础。

装备维修保障理论与方法作为装备保障理论的重要组成部分,须要与其所处时代的军队形态、武器装备和作战方式相匹配。在军事变革推动下,装备维修保障体制、保障方式、保障决策、力量运用、作业方法等方面发展很快,产生了许多理论研究成果,归纳起来主要有装备维修保障体制、装备维修保障力量、装备维修保障决策、装备维修保障力量编组、装备维修保障任务、装备维修保障方式。

**四、自组织、自适应理论**

在自组织、自适应理论与装备维修保障的研究中,有许多新思想、新技术、新方法,也不乏重要研究成果涌现。根据研究内容需要,对自组织、自适应理论的研究和应用、装备维修保障的理论与方法、装备维修保障建模研究现状的分析与总结,为自组织、自适应装备维修保障及建模研究提供基础。

自组织理论形成之初,主要源于对热力学问题的研究。研究者发现在一定条件下,系统会主动由无序向有序靠拢,并且由低级有序慢慢转变成高级有序,通过对这一现象的研究,形成了自组织理论。自组织理论的重点是在没有任何管理约束下可以自发地增加其复杂性。其理论基础包括：复杂系统理论、耗散结构理论、协同学、突变论等。其中，复杂系统理论是系统科学研究的主导方向与依据。复杂系统理论主要是将难以用现有数据与方法解释的理论，用动力学问题解释。从学术角度而言，复杂性系统理论的出现对系统生物学的研究，起到了至关重要的作用。耗散结构理论可概括为一个远离平衡态的、非线性的开放系统，其运动形态是不断地与系统外进行物质和能量交换，当某一交换值达到一定极限时，系统就会打破平衡状态发生突变，将现有的混沌状态转变为在某一时间空间上相对有序的状态。新的平衡状态要不断与外界交换物质与能量才能保持平衡，称为"耗散结构"。协同学主要是指复杂系统的子系统之间，通过非线性作用产生协同效应，进而使系统有序演化的自组织理论。协同系统依靠的主要是子系统形成的有序开放系统，子系统形成的开放系统可以自发组织在空间时间功能上有序发展。突变论是在稳定论基础上的创新与发展，主要是指在稳定论下的稳定状态，经过突变之后走向新的稳定状态的过程。突变论是指同一突变过程因为控制因素的临界值不同，其突变之后的稳定状态的结果也是不尽相同，可能会产生多个不同的稳定状态。

自适应原本是一个控制理论的概念，是指一个系统在其运行过程中，通过自身获取输入、输出性能参数，自动调整其系统结构，从而保持所希望的状态。其本质特征是系统根据环境的变化自动调整其行为。自适应概念出现以后，在控制领域得到发展，自校正控制、模型参考自适应控制、非线性自适应控制、神经网络自适应控制和模糊自适应控制等理论先后产生。

近年来，自组织、自适应理论在越来越多的领域得到研究与应用。军事领域运用自适应理论的研究成果不断产生，其中一些专家提出运用自适应原理解决作战领域复杂系统问题的自适应作战概念。其核心思想是从提高整体作战效能出发，阐述各作战单元、要素和体系在不确定因素多、情况变化急剧的信息化战场上，围绕总的作战意图，根据实时掌握的作战信息，自主判断并调控自己的作战行动，保持对战场环境变化的自我适应与平衡。自适应作战具有作战行动自主、协同动作默契、体系功能互补、指挥决策实时的特点。

# 第四节 相关概念

装备维修、维修作业、装备保障模式等是在装备保障领域被广泛使用的概念,但对于"作业模式"往往是只可意会,对其内涵的把握并不十分清晰。通过查阅相关文献,以《中国人民解放军军语》[1]《中国军事百科全书》和相关教材为基本依据,对相关概念进行明确,以便为研究的内容提供基本起点。

## 一、部队级

对于"部队级"一词,中国人民解放军原四总部在2012年批准颁发的《深化装备保障体制改革实施意见》中给出了明确的界定:部队级包括军以下部队所属建制保障力量,根据装备故障频度及修理深度,也可以再细分层次[2-3]。部队级作业,是指由军以下部队所属修理分队完成的装备维修保障活动[4]。同时,将与"部队级"对应的"基地级"界定为既包括总部、军兵种直属装备保障机构,也包括整合后军区、海军舰队、军区空军等所属综合保障基地或直属保障机构。

根据中国人民解放军原四总部对"部队级"的定义可知,部队级是指军(含)以下作战部队这一层级。当前,我军军以下部队所属建制保障力量主要包括集团军勤务支援旅所属的修理营,合成旅和兵种旅所属勤务保障营的修理连,合成营的抢修排以及师修理营、团修理连。

## 二、装备维修保障

"装备维修保障"主要有以下定义:

《中国军事百科全书——军事装备》(第二版)指出,装备维修保障是指为保持、恢复和改善装备良好技术状态而采取的各项保障性措施及相应活动的统称,又称装备技术保障[3]。

《军事装备学教程》(龚传信著)指出,装备技术保障是为保持和恢复装备的良好技术状态所采取的技术措施及进行的相应活动。其主要内容包括装备的维护修理、技术检查、维修器材筹措和供应、设备建设、专业培训以及维修改革等[4]。

《军事装备学》(余高达著)从内容方面进行了研究,军事装备维修的内容涵盖了制定维修计划,组织维修力量对装备进行维护修理[5]。

《军事装备维修保障学》(舒正平著)把军事装备维修保障的概念表述为:为保持、恢复和改善军事装备良好技术状态,以便满足遂行作战、训练等军事任务需要而采取的各项保障性措施及组织实施的相应活动的统称[7]。

综上所述,装备维修保障是指为恢复、保持装备规定的技术状态或改善装备性能而进行的维护保养、修理、器材供应等相关活动的统称。其基本任务是建立和完善适应军事活动和装备保障需要的维修体制,科学规范维修保障秩序,合理配置维修保障资源,保持装备良好的战术技术状态,保障作战、训练和其他任务的完成。

**三、作业、模式**

"作业"从动词解释来看,《中华现代汉语词典》(华语教学出版社,2011)和《当代汉语词典》(中华书局,2009)中意为从事军事活动或生产活动。《中国人民解放军军语》(2011)虽没有定义,但举例说明了"工程作业"是指操作工程设备或使用人力完成工程保障任务的各种具体活动。

可以看出,作业一词的动词解释可以理解为从事某项工作或完成某项任务的具体活动。

关于"模式"一词,在《辞海》[8]中定义为范型,指可以作为模本、范本的样式;《中华现代汉语词典》(华语教学出版社,2011)解释为作为标准的结构或样式,如模式化、模式图;《当代汉语词典》(中华书局,2009)解释为规范、标准;《新华大字典》(外文出版社,2011)解释为规范、标准、法式;《现代汉语词典》(商务印书馆,2016)解释为某种事物的标准形式或使人可以照着做的标准样式,如模式图、模式化。

上面模式的定义主要是指社会领域中的某种相对稳定而且独具特色的状态,它在社会实践中遵循一定的原则,按照一定的程序,不断积累起来的活动状态。在管理界,一般将管理模式定义为管理者在一定的管理思想的指导下,对管理对象、管理目标和管理手段进行组合以推动组织机构有效运转,形成的具有一定特征并且相对稳定的状态[9]。

综上所述,模式是人们认识和改造世界的方式,是从感性认识上升到理性认识,从思想活动到实践活动的桥梁,是对现实活动的高度概括,并具有总结性、规范性和动态性的基本特征。

**四、装备维修保障作业模式**

根据《中国人民解放军军语》(2011)"装备维修保障""作业"和"模式"的定义,可以推导出装备维修保障作业模式的概念,即部队级装备维修保障作业模式是指部队通过各种维修方法手段的运用,以恢复和保持装备规定的技术状态和提升维修效率为目的,组织实施相关维修活动的相对稳定的方法途径和标准形式。

根据上面对"装备维修保障"和"作业模式"的理解和认识可以对比得出,装备维修保障模式主要是从宏观上对装备维修保障进行政策引领和思想指导,而装备维修保障作业模式更多是从部队具体活动层面进行规范,二者是包含与被包含、抽象与具体的关系。

装备维修保障作业模式是人们对维修作业的理念、组织、方法和程序中相对稳定部分的抽象总结和表达。我军各部队的维修作业则反映了对其一般规律的能动把握和运用,也是对维修作业的理性认识和规范化设计。装备维修保障作业模式也是装备保障领域的一种活动模式,一般由装备维修保障作业的要素维、运行维和结构维三个维度相互作用形成的表现形态,其三维构成如图1-2所示。

从要素的维度来说,装备维修保障作业包括维修人员、保障装备、装备信息、作业环境等,是维修作业实施的基础要素;从结构的维度来说,维修作业涉及部队的编制、规模以及相应的修理机构,是维修作业的制度保证,通过规模调整、结构重塑、力量优化,达到提升维修作业效率和效益的目的;从运行的维度来说,维修作业具体包含运行管理、力量运用、作业流程等,是各个装备维修保障单位维修作业的不同之处。

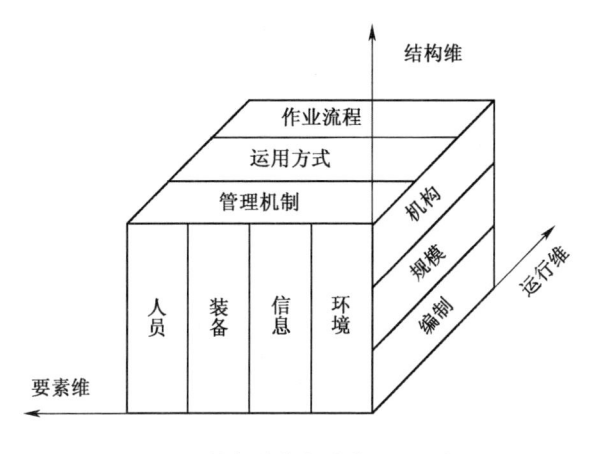

图 1-2 装备维修保障作业三维构成

# 第五节 研究现状

## 一、外军研究现状

外军对装备维修保障作业模式虽然没有明确的界定,但是装备维修保障作业模式创新正在大力实施。以美国军队(简称:美军)为例,经过数年分析论证和探索实践,美军在装备维修保障作业研究方面走在了世界前列,取得了丰富的研究成果和实战经验,装备维修保障作业模式较为成熟,有诸多经验和教训值得我军借鉴学习。

美军的装备维修保障转型研究涉及装备维修保障领域的各方面,从理论到实践都有一定的研究。其通常是将装备维修保障问题纳入大后勤保障范围之内进行研究和论述。经过海湾战争、阿富汗战争、伊拉克战争等局部战争后,美军加快了军队转型的步伐,先后提出了聚焦后勤、动态后勤、精确后勤、感知与响应后勤等保障理念和理论,不断推进后勤变革,将装备维修保障模式创新融入后勤创新之中。21世纪以来,美军为适应信息化战争的保障需求,在总结战争经验和教训的基础上,大力推行装备维修保障作业模式转型,并固化形成了相应的法规制度,作为作战理论的重要组成部分列入《转型计划指南》。例如,2000年出版野战维修手册《维修作业与程序》(FM4-30.3),将维修作业体系转型做出的调整和改变融入其中,让部队对两级维修作业体系形成一个初步的概念。2004年修订《野战维修手册》(FM4-30.3),对转型过渡时期的维修理论、备件保障、机构设置、运行机制等进行规定。2011年再次修订《野战维修手册》(FM4-30.3),将其更名为《维修作业》(ATTP4-33)[14],对两级维修作业体系的维修政策、组织结构、维修行动等做出了详细规定。

通过系统研究美军后勤变革步伐,不难发现:美军正以积极的态度,有计划、有步骤地开展装备维修保障转型,并注意保障体制、组织结构和运行流程的协调配合,改革力度不断加大、步伐不断加快,后装保障能力不断提升。其主要做法体现在以下几个方面。

一是理念创新。美军的后勤理念始终是以作战需求为牵引的,并随着战争形势的变化而不断做出相应改变,通过理念的创新来指导理论的创新,通过理论创新引领装备维修保障实践活动,通过总结实际作战的经验促进装备维修保障不断更新与完善。其核心思想是从工业时代机械化、规模化的保障思想转变为信息时代智能化、精确化的保障思想[15-16]。

二是技术应用[17-18]。美军利用在信息领域的优势,全方位采用网络信息技术改进维修效能,注重利用信息技术和指挥控制决策系统,通过采取先进的维修技术准确诊断故障、缩短维修时间、提升维修效益,如采用嵌入式系统、IETM、专家远程支援、基于装备状态的预测维修等。这些高新技术和新型手段的应用,大大提高了装备维修效率[19-22]。

三是体制调整。在管理体制上,美军明确了从国防部到作战部队各级机构的相关职责,为有效实施装备维修保障作业提供了制度保证;在具体装备维修保障模式上,美军从军队保障需求、不同装备的特点出发,从力量构成、模式构建等方面进行理论研究,由四级维修保障体制向两级维修保障体制进行转变,形成了多种维修保障方式,并按照功能模块化编组维修保障力量,实现了保障层级和组织层级的缩减;在装备维修保障流程上,通过在后勤转型中管理方式的转变和保障方式的改革,采取了远程支援、靠前保障、自主维修和以网络为中心的保障方式,提升了装备维修保障效率。

## 二、国内研究现状

近年来,关于装备维修保障作业模式问题,我军持续进行了理论和实践的探索,主要研究成果和观点集中于以下几个方面。

(1)法规层面。传统上,我军是按照专业、分层级拟定编制并颁发维修保障规章制度。横向区分了军械、装甲、车辆等兵种专业,分别按综合、管理、修理、训练、战备等业务要素编制,总体区分了条例、规定、标准规范、技术资料4个层级,构成了要素较为齐全的规章制度体系,为部队级装备维修保障作业做出了法规保证。新形势下,军委机关着眼陆军装备维修保障转型和实现装备全寿命管理。在陆军理论法规体系的框架下,系统梳理了各个等级的力量设置,正逐步构建以综合管理、维护保养、等级修理、手段配套、战备训练等业务规章为主体的陆军装备维修保障理论体系、法规体系和标准规范体系。从任务分配、机构调整和修理内容方面进行了装备维修保障改革的顶层设计,为创新部队级装备维修保障作业模式提供了法规支撑。

(2)实践层面。全军部队开展了内容丰富、形式多样的装备维修保障探索活动,原陆军某师探索了基于"四合四统"的装备维修保障作业的模式,走在了全军的前列。文献[21-22]介绍了其装备维修保障单位从机关计划、力量编组、分队作业、器材保障、质量管控方面取得的一些成效。此外,陆军装备部计划整体重塑陆军装备维修保障力量体系、作业体系和修理制度体系,形成具有鲜明信息化特征的装备维修保障组织形态和保障模式。

(3)理论层面。当前,国内关于装备维修保障作业模式的文献较少,大多数文献集中在"维修保障模式""维修保障体系""维修体制""作业体系""某型号装备中(小)修作业规范"等方面,这些文献从不同角度、不同层次、不同范围涉及装备维修保障作业模式相关问题。一些学者对装备维修保障作业模式进行了研究,主要观点:一是由三级作业体系向二级作业体系转变;二是由建制内专业保障向全系统融合保障转变;三是由基于型号分散修理向基于能力集约修理转变;四是由定时集中粗放管理向精细化管理转变等。

文献[13]指出,装备维修保障模式改革应以"整合职能任务、精简维修层级、优化专业设置、转变修理方式、重组工种岗位、加强精细化管理"为重点,提高装备维修保障能力。文献[26]以全军深化装备维修体制改革为背景,分析了影响装备维修保障体制构建的因素。文献[27]分析了信息化条件下装备维修保障受到的影响,包括体系制度影响、设施配套影响、保障力量影响。文献[28]针对新型装备维修保障特点,结合试改试修实践,分析了装备维修保障需要把握的重点问题,提出了需要解决维修任务分工、关键技术应用、换件修理操作、维修机构调整问题。文献[29]针对新的体制编制运行,分析了装备维修工作在保障层次、方法手段、人员编配方面的变化,并从发挥营连作用、突出装备管理、加强人才培养、整合保障资源方面进行了探讨。

综合相关文献研究的内容,装备维修保障作业模式的研究方向主要有以下几方面。

(1) 关于装备维修任务规划方面。文献[28]探讨了部队级各类维修机构的任务界面划分问题并指出,在实际操作时,在两级维修作业体系总体思路的指引下,重点考虑按照维修时机和周期要求、保障资源配备、维修任务量大小、部组件供应时效、部组件储备及维修人员素质高低等分配。文献[30,31,35-36]指出,转变现行的装备维修保障任务层级区分,部队级装备维修主要任务是对装备进行检查、维护保养、故障诊断和部件总成、系统单元、模块、组件的更换等。文献[30]同时指出,现行装备维修保障作业任务评估机制存在的问题是定性多、定量少。

(2) 关于装备维修保障力量运用方面。文献[13,30-31,36,39]分析了改革前维修力量的现状,并指出了现行的军旅营编制体制给装备维修保障力量带来的变化和发展趋势。必须着眼平战一体,找准保障力量建设方向,实现平时作业灵活编组、平时转换按需抽组、战时保障模块编成,适应平时不同保障对象、战时不同作战样式保障的需求,努力实现维修力量模块化、设备平台化、手段信息化、能力综合化。文献[38]指出,基层部队装备维修质量不高存在的主要原因:一是人员整体素质偏弱;二是维修保障基础偏弱;三是维修检测手段落后。文献[40]进行了单元化组配模式的研究,并且给出了摩步师军械装备单元化组配的标准。文献[41]提出了装备维修最小保障单元的概念。文献[42]提出了基本作战单元的概念,同时对基本作战单元修复性维修过程建模仿真开展了研究。文献[43]提出了最小派出单元的理念,将所需的维修资源集成到最小派出单元的结构中,降低了资源组配的难度,提升了决策的效率。

(3)关于装备维修流程方面。文献[23]有效整合了国内外重组理论的研究成果,系统讨论了关于流程重组理论的程序及方法,并针对我军装备维修器材管理的现状及问题,给出了维修力量重组和三种基本作业流程的应用实例。文献[25]对传统的装备维修业务流程进行了描述,总结了修理业务流程的现状和存在的问题,具有一定的参考价值。文献[44]开展了装备维修保障系统重组理论与方法的研究,对维修作业流程进行了优化设计。文献[45]对装备维修流程设计方法进行了建模分析,并开展了流程设计和优化。

### 三、分析与总结

通过把国内外研究现状相比较发现,美军的装备维修保障融入现代后勤的发展建设中,其维修保障作业模式建立在相对完善的组织机构和运行机制之上,虽然美军发展理念和体制机制与我军有所不同,但是其经验和教训可以为我军提供有益的借鉴。

长期以来,部队级装备维修保障作业的研究与实践,分散于各军兵种、各专业建设的单独框架体系中。随着我国备战作战的需要和高新装备的发展,我军着眼于装备维修保障建设现状,先后在全军范围内持续深入开展了"两成两力""四合四统"等实践探索,拓展了装备建设范围,丰富了装备保障理论,深化了对装备维修保障模式的理性认识。在改革强军的大背景下,我军集中统管、后装融合装备维修保障体系逐步构建,联合保障、区域保障理论逐步成熟,对装备维修保障作业模式的本质和规律的认识进一步深化。

通过以上对国内外研究现状的分析总结,可以得出以下结论。

一是装备维修保障基础理论研究和实践虽然取得了丰硕的成果,但是目前国内外相关研究有待深化和发展。装备维修保障作业作为军队装备保障的重要实践,在我军改革期间应当充分借鉴吸收系统理论、重组理论、组织理论等,以新时期法规制度为指导,不断创新发展模式、提升保障效能。

二是美军后勤保障理念对我军装备维修保障有着重要的启示。军事理念创新和作战实践的强势推动是美军鲜明的特点。在具体方法上,美军充分吸收了不同国家、社会各界的研究成果,将重组理论和自适应、自组织理论应用于装备维修保障能力建设中,取得巨大的成就;在作战中,美军通过后勤体制的改革创新,形成了一整套概念、理论和方法,及时将各种新概念、新思路转变为新的作战方式和保障方式,在组织结构、理论运用和作业流程方面加强协同和改进,合理统筹各类工作。这些特点对我军装备维修保障作业模式的研究具有重要的借鉴意义。

三是我军关于装备维修保障作业的研究有待进一步加深,宏观指导多、总结推广少,从理论到应用还有一定差距。通过总结我军装备维修保障理论研究和部队实际可以看出,我军装备维修保障理论重点集中在体系结构、制度优化和运行管理设计上,更多的是从宏观、静态角度探讨装备维修保障的体制和模式;其实践主要围绕现阶段装备维修面临的现实问题,各部队寻找解决的方法和思路,"自成体系、自立行规"现象较为明显。新时期基于网络信息体系的陆军部队级装备维修保障作业模式的研究较少,以聚焦式、动态式的角度探讨装备维修保障作业的研究不多,针对新体制编制和我军装备维修保障转型出现的新情况、新问题还没有形成完整的装备维修保障作业理论体系。

## 第六节　研究思路与内容

### 一、研究思路

本书是在陆军装备维修保障转型的背景下,以新形势下装备维修保障需求为牵引,以系统分析和抽象归纳为基本方法,采取总—分—总式结构,按照提出问题、分析问题、专题研究、总结归纳的逻辑顺序展开,研究思路如图1-3所示。

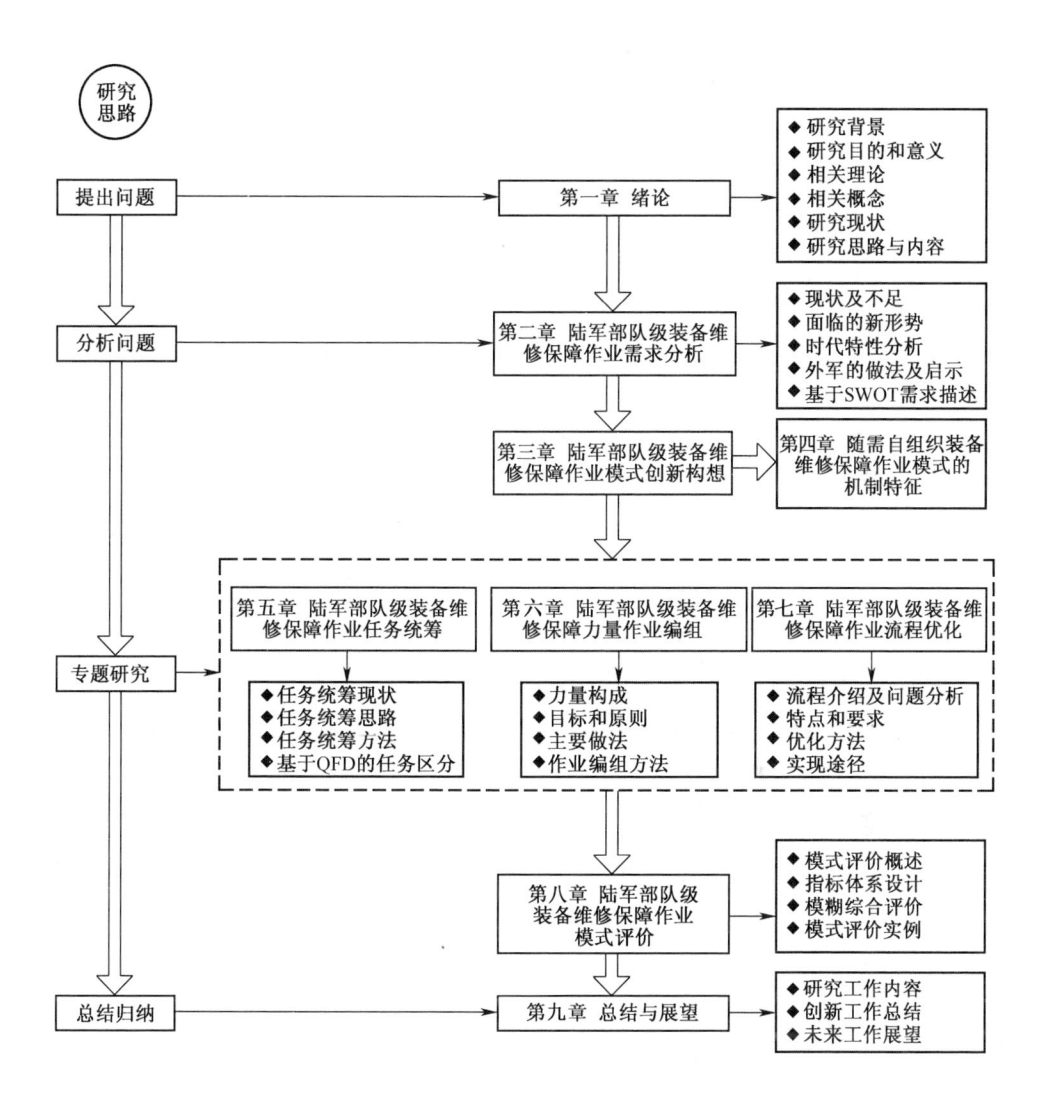

图 1-3　研究思路

## 二、研究内容

本书的研究内容主要是对新形势下装备维修保障作业模式进行需求分析,指出当前装备维修保障作业的现状及问题,提出陆军部队级装备维修保障组作业模式的构想,并对其计划安排问题(任务统筹规划)、保障指挥问题(力量作业编组)、管理实施问题(作业流程优化)3个关键方面进行具体研究,如图 1-4 所示。

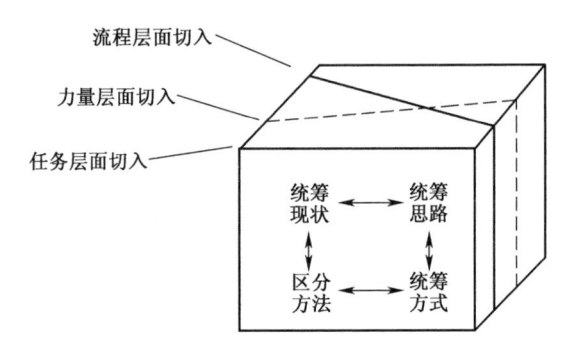

图 1-4 研究内容

本书研究内容具体包括以下九章。

第一章绪论。分析研究背景,阐述研究的目的和意义,界定相关理论和概念,分析国内外研究现状,指出研究思路和内容。

第二章陆军部队级装备维修保障作业需求分析。分析当前我军装备维修保障作业的现状和存在的问题,指出当前装备维修保障作业模式转型面临的形势,构建装备维修保障作业模式的需求。

第三章陆军部队级装备维修保障作业模式创新构想。首先分析部队级装备维修保障作业模式的基本要素,然后在此基础上确定构建装备维修保障作业模式的原则,最后确立基于网络信息体系的随需自组织装备维修保障作业模式为具体形式。

第四章随需自组织装备维修保障作业模式的机制特征。分析自组织、自适应装备维修保障的构成要素、组织特征和保障过程。

第五章陆军部队级装备维修保障作业任务统筹。重点分析当前装备维修保障作业任务统筹的现状及思路,提出部队装备维修保障作业任务统筹的一般方法。同时,利用 QFD 模型建立相应的指标体系,为同级修理分队的任务区分提供方法。

第六章陆军部队级装备维修保障力量作业编组。在分析当前装备维修保障力量的基础上,提出装备维修保障力量作业编组的一般做法,并引入聚合解聚的思想分析装备维修保障力量作业编组的方法。

第七章陆军部队级装备维修保障作业流程优化。具体研究陆军部队级装备维修保障作业流程优化问题。通过对当前装备维修保障作业流程的分析,指出存在的问题,在此基础上提出装备维修保障作业流程优化的一般方法和实现途径。

第八章陆军部队级装备维修保障作业模式评价。介绍评价模型,运用模糊综合评判方法对装备维修保障作业模式进行评价,并举出实例。

第九章总结与展望。总结归纳研究成果,提出工作展望。

## 本 章 小 结

本章主要说明了陆军部队级装备维修保障作业模式的研究背景,指出了陆军部队级装备维修保障作业模式的研究问题,阐述了陆军部队级装备维修保障作业模式的研究目的和意义,综述了国内外相关理论研究与实践的情况,梳理了陆军部队级装备维修保障作业模式研究思路和内容。

# 第二章 陆军部队级装备维修保障作业需求分析

我军的装备维修保障体系是伴随着军队建设发展和装备维修需求的增加逐步建立的。随着作战理论的创新、军队的建设和科学技术的发展,现行的装备维修保障作业模式与部队编制体制、武器装备体系越来越不相适应。这些因素相互作用使得装备维修保障工作产生了新的要求,深刻影响着装备维修保障作业模式的发展趋势,如图2-1所示。

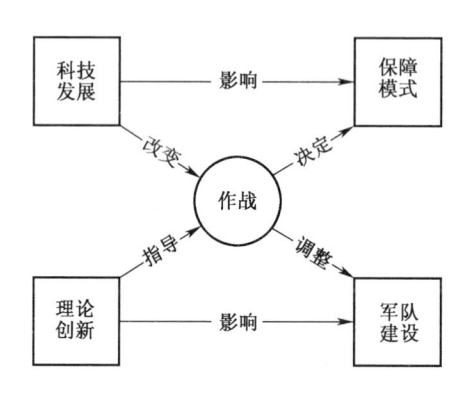

图2-1 装备维修保障发展关系示意图

本章将分析当前陆军部队级装备维修保障作业模式的现状及问题,通过认清当前装备维修保障作业面临的新形势,提出装备维修保障作业模式的发展策略。

## 第一节 陆军部队级装备维修保障作业现状及不足

随着我军装备建设发展和维修需求逐步扩大,装备维修保障系统也由小到大、由分散到综合一体发展。传统的装备维修保障作业模式特点是"基于兵种专业、立足装备型号、功能条块分割",但是部队体制编制改革后,传统模式与当前的陆军装备维修保障运行方式的转型发展不相适应,与加快提升陆军部队级装备维修保障能力的要求也有一定差距,具体表现在以下几个方面。

### 一、装备维修保障作业模式创新方面

当前我军为适应新军事变革开展的装备维修保障模式创新,提出了许多新理念,取得了一定的研究成果,但与基层部队日趋繁重的装备维修保障任务相比较,指导性、操作性还有待进一步提升。传统的装备维修保障作业模式在新体制编制下运行还有一定的滞后性,以装备维修保障作业活动的视角研究得还不够深入和全面,针对性和操作性有待进一步提高。反观美军,根据装备维修保障需求先后提出聚焦后勤、精确后勤和感知与响应后勤,通过战争实践进一步优化,形成了一整套固定的法规条例,带动了装备维修保障领域的整体创新和发展。因此,随着保障任务的多样化和力量运用的多元化,要求在装备维修保障作业模式的创新方面紧贴任务需求,加快装备维修保障研究步伐。例如,在任务下达上要合理分配、利于管理,在力量运用上要根据形势变化精确管控、动态组配,在作业流程上要高效简捷、灵活调整等。

### 二、装备维修保障任务管理方面

我军基层部队传统的基于平时、保障平时的装备维修保障作业模式不适应新的体制编制特点和遂行多样化军事任务的要求,部队级装备维修任务统筹还不够完善。一方面,部队日常协同训练、平时协同维修、战时协同保障方面的自主性较弱,仍然存在缺乏主动融合修训的自主抓建意识。我军体制编制的调整,打破了传统的按专业抓建分队、按装备型号开展装备维修保障作业的方式,主战装备中修任务的完成一般需要两个以上单位配合参与。例如,某修理营完成装甲装备中修任务就需要"一连"底盘和"三连"火控、电气、通信、液压系统等修理工靠前保障、协同维修才能完成,但是当前修理分队在

主动协调、合理统筹方面还存在较大差距。另一方面,同级分队维修任务的区分还有待进一步研究。例如,合成部队的装备保障力量体系整合后,勤务支援旅一般下辖两个修理营,合成旅一般下辖两个修理连,这两个单位在维修人员编制、维修专业工种和维修保障装备方面基本相同,维修能力建设发展类似,但在任务区分上存在标准不同,多数情况是依据地理要素和交通条件进行任务区分,其维修任务区分的合理性还有待进一步提高。

**三、装备维修保障力量编组方面**

传统的按专业设置自主建设、条块分割的装备维修保障力量体系不适应保障任务综合化要求,力量要素融合程度不高,编配的模式不够合理,维修力量模块化、组合化水平不高。一方面,在层级结构上,装备维修保障力量作业编组网络化程度不高,军师级维修保障力量按专业设置、编成较为分散,旅团级维修保障力量分工较细、工种搭配不够合理,专业融合水平较低,作业编组时多数沿用旧模式,与体系化编成运用模式不相适应,信息、能量和物质的流动速度较为缓慢。另一方面,在编组时机上,平时维修保障作业编组模块化水平还不高,专业搭配还有待实践检验,维修保障力量单元的自主性不强、组合方案不够多样,无法有效统筹使用装备维修保障力量进行作业;战时维修保障作业编组静态式、预设式较多,不能有效根据保障需求动态抽组,装备维修保障资源得不到充分利用。

**四、装备维修保障作业运行方面**

部队级装备维修保障作业的运行主要存在几个方面的问题:一是装备维修保障任务界面划分不够清晰。装备使用分队和修理分队、装备修理分队和同级单位、装备修理分队内部机构在装备维修任务、职责需要进一步调整;二是装备维修保障力量编组还不够合理。存在平时作业与战时抽组不统一、模块编组困难、专业组合不协调等问题;三是装备维修保障信息连接不够顺畅。装备维修业务网络覆盖不全,装备维修保障信息以自成体系为主,信息系统互不兼容、低层次重复开发运用、整体效益不高的现象比较普遍,装备维修业务数据尚未实现跨兵种、跨专业共享交换和综合利用,难以为科学决策、管理运行提供有效支持。四是在装备维修保障作业流程中个别工作节点还比较冗余。装备维修保障作业、器材申领采用传统的串行工作方式,审批协调、请示汇报过程较多,工作效率不高。

**五、网络信息体系建设方面**

传统的基于型号、分散组织的装备维修保障作业模式不适应基于网络信息体系装备维修保障核心能力生成需要,难以实现装备维修保障系统的互联互通。装备维修保障信息化基础薄弱、基础网络覆盖不全面、贯穿不透彻、数据平台不通用,构建网络信息体系运行的支撑能力不足,实现装备数据实时采集和管理保障业务在线处理、依卡运行还有一定的距离。当前信息化管理手段建设仍以单机单线为主,信息系统互不兼容、重复开发运用、整体效益不高的现象较为普遍,业务数据尚未实现跨兵种、跨专业共享交换和综合利用,难以为科学决策、管理运行提供有效支持。战时装备维修保障信息化手段缺乏,装备维修机构在数字化部队和陆军信息系统综合集成建设中参与度低,机关和装备维修保障分队相关信息节点、席位设置、信息终端难以满足战时装备维修保障实际需求。

上述问题反映了陆军转型期间传统的装备维修保障作业模式,难以满足新编制体制调整后对装备维修保障提出的新要求。因此,必须深入分析研究并努力解决这些问题,使陆军部队级装备维修保障作业向高效化、融合化、体系化方向转变,满足平时和战时装备维修保障需要。

# 第二节 陆军部队级装备维修保障作业面临的新形势

经过改革部队实现了革命性重塑,部队体制、结构、面貌发生了新的变化,陆军部队级装备维修保障工作面临新形势、新要求,主要有以下几个方面。

## 一、陆军装备集中统管,维修内涵不断拓展

从装备维修保障作业的对象看,除了机要密码等特殊装备外,实现了包括传统的通用装备、后勤装备、政工"三战"装备在内的陆军各兵种装备集中管修。从机构编成看,陆军部队级实现了装备发展的"引领"和维修保障的"服务"紧密衔接,修理机构按照业务模块综合编设了装备领导机关和实施机构,后勤保障和装备保障的集约融合体制初步建立。从任务区分看,陆军部队级装备修理机构主要完成以野战保障、伴随保障为主的装备中小维修任务。从管理模式看,部队级作为执行层,围绕提报需求、形成能力、落实制度抓好装备维修作业落实。因此,陆军部队级装备维修保障能力建设,必须加强装备维修保障系统内部要素的互联互通,加快构建能够适应时代发展的作业模式,提高基于网络信息体系的维修保障能力。

## 二、装备体系加快升级,维修保障作业模式亟待转型

部队的改革按照轻型、中型、重型合成部队和兵种部队重新编配调整武器装备,部队装备模块化、合成化的特征较为明显。陆军武器装备体系建设的起点发生巨大改变,复合化、体系化发展成为主要趋势。高新技术装备,特别是情报侦察、指挥控制等新型装备整建制、成体系列装,部队的装备编成结构发生了量的调整和质的飞跃。因此,装备维修保障必须贯彻创新驱动发展战略,紧贴装备体系建设发展实际,加快推进装备维修保障技术创新和作业模式转型,构建与装备维修任务相匹配的作业模式,将装备维修保障单元联成一体,充分调动装备维修保障各个要素,激发装备维修保障力量的活力,不断提升装备维修保障智能化和信息化水平。

## 三、装备维修保障力量整合重组,维修保障能力加快提升

部队改革后,按照装备维修保障力量综合化、模块化、规范化编组要求,打破了传统的分条块、按专业编设装备维修保障力量的方式。例如,集团军勤务支援旅编设两个装备修理营,合成旅和兵种旅勤务保障营编设装备修理连,合成营编设装备抢修排,装备维修保障

力量下沉到第一线,修理分队专业进行整合、修理工种进行调整,作业编组向小型化、综合化发展。因此,必须贯彻体系建设的思想,充分实现专业优势互补和装备维修资源共享,合理运用各型各类装备维修保障力量,加快提升符合装备维修保障需求的能力。

**四、装备维修保障压力增大,维修保障质量要求更高**

随着实战化演习训练大力开展,部队每年轮式车辆装备行驶里程、履带式装备摩托小时、电子信息装备运转小时等消耗数量越来越大,高新技术装备日趋多元化、复合化、系统化,使得装备维修保障压力越来越大。与此同时,部分操作人员使用装备不规范、维修保养不及时、转变管理不严格等问题不同程度存在。因此,需要装备维修保障机构能够针对维修任务的不同要求,精确控制装备维修保障作业活动,提供准确、高效的装备维修保障服务,需要装备维修保障力量能够拓展维修方法,不断在实践中提升装备维修保障作业的质量。

上述的新形势、新要求,有助于提高对装备维修保障转型的认识,有助于认清当前部队级装备维修保障领域面临的形势,有助于深层次把握装备维修保障作业模式创新的必要性和紧迫性。

## 第三节 装备维修保障的时代特性分析

随着人类战争进入信息化时代,装备维修保障呈现出了许多鲜明的时代特性,最突出的是复杂不确定性。它对装备维修保障活动的影响最直接,使传统的装备维修保障模式和方法遇到了新的挑战。深入分析装备维修保障复杂不确定性的成因和适应其特性的新要求,目的是为了引入新的理论与方法,用新的视角和途径破解装备维修保障发展的难题。

**一、装备维修保障的复杂性分析**

装备维修保障活动涉及众多因素,既有与装备维修保障活动直接关联的人、财、物、信息等因素,也有受外部环境影响的因素,如作战主体、作战对象、作战进程、战场环境等。多种因素既动态变化,又相互交织和融合互动,从而产生装备维修保障活动的复杂性,主要体现在以下四个方面。

1. 装备维修保障主体多元

无论是多军兵种参与的一体化联合作战,还是单一军兵种遂行的非战争军事行动,装备维修保障力量都是军事行动力量的重要组成部分。按照装备维修保障力量的来源划分,既有军队建制内的力量,也有地方动员的力量。军队建制内的装备维修保障力量既有陆军通用装备的军械维修保障力量,也有装甲、车辆、工化、陆军船艇等装备维修保障力量。如果细分专业,则通用装备维修保障力量可以划分出上百种专业力量。随着各种高新技术在武器装备中的广泛应用,还会有更多专业力量增加进来。由于现代作战强度大、消耗大、时效性强,这些多元的装备维修保障力量活动在广袤的战场空间,将造成集中统一指挥控制下的装备维修保障方式难以应对多变的保障需求。这就要求战场各区域的保障力量,根据态势变化主动实施保障,满足快速恢复部队战斗力的需要。

2. 装备维修保障对象各异

现代战争是体系与体系的对抗,这个体系包括众多子体系,装备体系是众多子体系中的重要子体系。装备体系,即军事装备体系,泛指为适应军事活动需要,将具有各种功能用途的军事装备通过数量上的合理搭配、功用上的恰当组织而形成的组合系统。按照装备的功能与作用,装备体系可以划分为主战装备、指控装备与保障装备,保障装备还可以分为作战保障装备、后勤保障装备和技术保障装备。装备体系还可以按照军种和空间进行划分,按照军种分为陆军、海军、火箭军等装备体系,按照空间可分为陆、海、空、天、电等装备体系。根据2000年颁布的《中国人民解放军装备条例》,装备维修保障的基本任务是建立和完善具有中国人民解放军特色的军事装备体系,保持军事装备的适度规模和良好技术状态,保障军队作战、训练和其他各项任务的顺利进行。这就充分说明,装备维修保障的对象是军事装备体系。由于参与现代作战的装备体系日趋高技术化、信息化和复杂化,因此一旦某个作战单元遭到打击,往往需要多种专业技术保障力量,才能保持和恢复作战单元的战斗力。在这样的背景条件下,就需要部队编成内和友邻装备保障力量之间积极主动,针对所处区域及附近的保障需求,特别是急需的一些通用装备物资,通过沟通协调,能够较好地应对临时出现的紧急保障需求。

3. 装备维修保障关系复杂

在组织装备维修保障活动过程中,各级装备机关在本级军政首长的统一领导下,与上下级装备维修保障机构构成指导关系;装备机关各业务部门上下级对口部门形成业务指导关系;部队级装备维修保障机构与后勤分部(后勤基地、兵站)是支援保障关系;部队级装备维修保障机构与联合作战的军兵种装备维修保障机构之间,与地方政府有关部门和支前机构之间,构成协同关系。信息化局部战争由于战场情况剧烈变化,有利战机转瞬即逝,作战方式灵活转换,作战地点频繁变换,进攻与防卫、优势与劣势的反复变化,保障力量的此消彼长,装备数量的增加与减少,物资的消耗与补充等。这一切无不使装备维修保障主体与对象的关系处于不断变化的动态活动之中,所以提高其自适应性显得尤为必要。

4. 装备维修保障时效性强

信息化局部战争,各种作战样式相互交织,攻防行动瞬间转换,装备维修保障的应急性要求更高;信息的快速交流,导致系统重构的速度加快,作战行动之间关联性增强,装备维修保障行动必须紧跟作战行动的快节奏;战场上兵力兵器机动频繁,战机稍纵即逝,装备维修保障的时效性对作战的影响越来越大。因此,在行动快节奏的信息化局部战争背景下,对于计划外突然出现的紧急装备维修保障需求,装备维修保障力量的自组织、自适应保障行为,可以避免因行动迟缓而造成贻误战机。但是,其自组织、自适应保障行为也是要受到一定规则的约束。

**二、装备维修保障的不确定性分析**

装备维修保障的复杂性,必然导致装备维修保障活动的不确定性,主要体现在以下四个方面。

1. 装备维修保障时机的不确定性

在信息化战争时代,我方虽然战前对敌方的打击手段、打击方向、打击重点等有分析判断,但由于对抗双方都尽可能隐蔽作战意图,并且作战行动处于高度变化之中,作战进程不可能完全控制,敌方能击中谁,击中之后能损坏到什么程度,我方不可能事先知晓。由此推论装备维修保障的实际时机难以确定,这就要求装备维修保障单元能够根据临时发生的情况,主动快速地作出反应。

2. 装备维修保障内容的不确定性

装备损伤包括两部分:一是彼方造成的战斗损伤,二是己方自身使用装备造成的自然故障。现代战争对抗双方综合运用多种手段,彼方造成的战斗损伤日趋复杂,既有传统的损伤模式,也有新增加的损伤模式,还有未知的损伤模式。对于传统的损伤模式,装备维修保障比较容易解决;对于新增加的损伤模式,只要有所准备,借助地方保障力量,基本也能解决;对于未知的损伤模式,由于作用机理新颖而复杂,解决起来会有相当的困难或者根本就不知道怎么解决,特别是一些高新技术武器装备系统,由于损坏特点和规律尚未把握,不知道损坏的可更换单元,也不知道可更换单元什么时间损坏,使得装备维修保障内容难以确定。己方自身使用装备造成的自然故障也是如此。

3. 装备维修保障地点的不确定性

现代战争时效性强,对抗双方在作战地域内机动速度快、变换地点多、主次方向转换频繁。装备维修保障单元往往跟不上作战单元的变化情况,极有可能在装备维修保障单元机动过程中,作战单元原有的空间位置已经发生变化,甚至我方需要装备维修保障的地点已经被敌军占领或者被告知敌方已完全摧毁。例如,作战单元 A 在 T 时刻位于 X 地域,需要装备维修保障单元 B 前送装备维修器材,当装备维修保障单元 B 经过一段时间机动后到达 X 地域,已无法实施维修器材保障,因为作战单元 A 已经机动到 C 地域。现代作战流动性大,维修保障对象位置往往不固定,导致装备维修保障地点不确定性增大。这就要求保障主体必须具有根据作战意图和新的情况作出自主分析判断的决策能力。

4. 装备维修保障方式的不确定性

传统的装备维修保障方式方法有聚集式、超前式、伴随式、现地修理、换件修理等,但这些装备保障方式方法对于装备维修保障单元来讲,可操作性不强。装备维修保障单元采取什么样的作业方式方法,需要知道具体装备的损坏情况,包括损坏单元的类型、名称、现象、位置、程度等,并依据此情况确定装备维修保障方法。损坏单元的类型是属于硬件保障,还是软件保障,装备维修保障单元采用的作业方法不同,所需的工具设备、专业人员、能力技术都相差较大。硬件保障主要包括装备维修零部件、保障装备、保障人员等,软件保障主要包括保障技术、保障效率、保障人员水平等。对于软件保障而言,装备维修保障单元中的人员不但要精通计算机编程语言、编程技术,还要具备足够的军事知识。装备维修保障对象的损坏情况复杂不确定,致使装备维修保障方式方法不确定性增大,要求装备维修保障作业的方式方法能够满足多种情况的需求。

综上所述,要适应装备维修保障的复杂性和不确定性,高效率地实施装备维修保障,仅靠传统装备维修保障理论指导保障实践,已经难以有效地达成维修保障目的,所以需要引入新的理论与方法。

## 第四节 外军装备维修保障作业的做法及启示

随着网络信息时代的来临,为适应战争形态变化的需要,从20世纪末开始,美军就开始有组织、有计划地推进装备维修保障变革,对传统装备维修保障模式进行根本性改造,实现了从机械化装备保障向信息化装备保障的转变,其深度和广度超过了历史上任何一次装备保障变革。美军装备维修保障在不断的实践中,凭借其强大的军事实力和网络优势,不断创新装备保障理论与技术,勇于实践和推广新思想和新理论,装备保障作业模式也得到了很好的实践和推广。

### 一、美国军队主要做法

1. 创新装备维修保障理论

美军为了提高装备保障效益和效率,缩减后勤规模,降低装备使用与保障费用,以及应对信息化战争给后勤保障提出的新要求,结合几场局部战争所反馈的信息,不断深入开展后勤保障理论研究,给后勤保障注入了新的思想与活力,先后提出了"精确后勤""聚焦后勤"及"敏捷后勤"等全新的保障理念。由于美军在近年几场局部战争中对先进后勤理论的成功实践,世界军事后勤变革掀起一场新波澜。在21世纪的后勤保障中,美军认为保障速度比保障资源数量更重要,并且提出"感知与响应后勤",旨在提高后勤动态感知能力和灵活反应速度。这些理论尽管在名称、内容上各不相同,但其本质是一致的,都体现了对高新技术,特别是信息技术的依赖,代表了美军装备维修保障的发展趋势。

2. 转变装备维修保障方式

美军一直致力于寻求先进装备维修理论和最佳装备维修技术,用于准确预测装备故障、实施精确装备维修。随着新型复杂装备大量列装部队,复杂程度不断提高,传统的定期定程装备维修日益暴露很多局限性,难以满足新型复杂装备的使用和维修需求。在这一背景下,基于状态的维修(CBM)应运而生,即通过综合运用传感器、人工智能和计算机网络等先进技术,通过外部检测设备或装备内部植入的传感器获得装备运行状态信息,运用数据分析与维修决策技术对装备状态进行实时或周期性评价,最终做出科学化维修决策,从而实现装备维修管理工作的精确化。近年来,美军大力推行CBM维修策略,在各个军兵种中普遍采用CBM技术。

3. 重组装备维修保障力量

美军最先提出装备保障力量模块化的思想,并实施"后装合一"的军队保障体制。20世纪90年代以来,美军逐步认识到模块化与多功能化是后勤保障力量的最佳模式,认为建立规模较小、功能综合的"保障单元"将适应21世纪战争的需要,这种"保障单元"可以相互轮替、即插即用。

为适应高机动部队实施分散打击的作战模式,提高综合保障能力,美军保障部队的编制由按专业编组变为按功能编组,即把供、修、运等专业保障力量和后勤防卫力量混合编组分成若干保障模块,每个保障模块都具有指挥、保障和防卫等功能。同时,所有保障模块都将是战场上可随时调用替换的标准化"预制件",规模小、功能全、机动性好、生存力强,并可按任务需要进行灵活重组,大大提高装备维修保障力量的反应速度和维修保障效率。美军装备维修保障力量模块化的思想和做法,有许多地方值得我们学习和借鉴,对于处于转型期的我陆军装备维修保障力量建设有重要的启示。

## 二、俄罗斯军队装备保障新发展

1. 更新装备保障策略

俄罗斯作为军事强国,在装备保障方面拥有自己的鲜明特色和成功经验,体现其特点和规律的重要标志是装备保障策略。俄军的装备保障策略主要包括三个方面。

1) 全寿命(生命)周期谋划

俄军认为,武器装备从研制到使用结束期间状态依次变化的相关过程总和是武器装备的生命周期,如图2-2所示。武器装备生命周期包括很多个阶段,这些阶段都是互相联系的,每一阶段所包含的工作均按国家标准划分,并进行统一考虑。武器和技术装备的战斗性能越高,被损毁的概率越低。如果研制的战斗装备的无故障性能、便于修理的性能、耐久性、易于保存的性能等较高,那么该装备的技术故障率就低,即使出现战斗损坏或者技术故障也能进行快速的查找和排除。因此,要保持部队高水平的战斗力,必须完善武器和技术装备的设计,在制定基本战术技术要求时必须考虑这样一些性能。这些性能有利于维持在整个战役中部队的武器和技术装备的完整

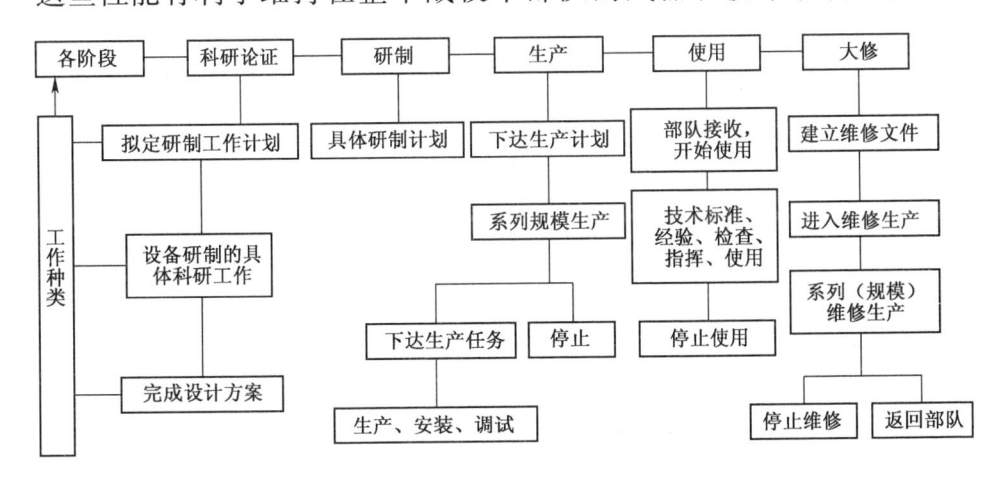

图2-2 武器装备生命周期的实施图

性,有利于维持装备最重要的性能是耐久性。另外,还要充分考虑平时和战时的区别,确保快速将装备维修保障系统从和平时期状态转入战时状态。

2014年,为提高武器装备全寿命周期的保障效率,俄罗斯逐步改革国防订货,实行全寿命周期合同管理制度。全寿命周期合同管理制度是指向军队出售某种特定产品的企业将负责产品从开始生产到最终回收的全部过程,并对该项目进行全程跟踪。这就意味着国防部的定价权等经济功能被取消。但各军种需要确立武器性能指标及供应时间,及时掌握武器的使用、维护、修理、保存情况。该制度包括对设计、试验和批量生产产品不同阶段实施拨款和监督,国防工业企业负责武器装备的研制、生产、维护、修理和销毁。根据军事部门的计划,所有国防供应综合体企业都应在最近2~3年内实施全寿命周期管理制度。俄军领导认为,这种体制可以解决企业反复增加预算和恶意拖延供货日期等问题,并把军队从繁忙的装备维修中解放出来,实行全寿命周期管理是一种必然选择。

2) 全系统建设

武器装备修理是一个复杂的系统,需要用系统的思想规划建设,如图2-3所示。武器装备的修理系统是指挥机构、修理兵团、部队、

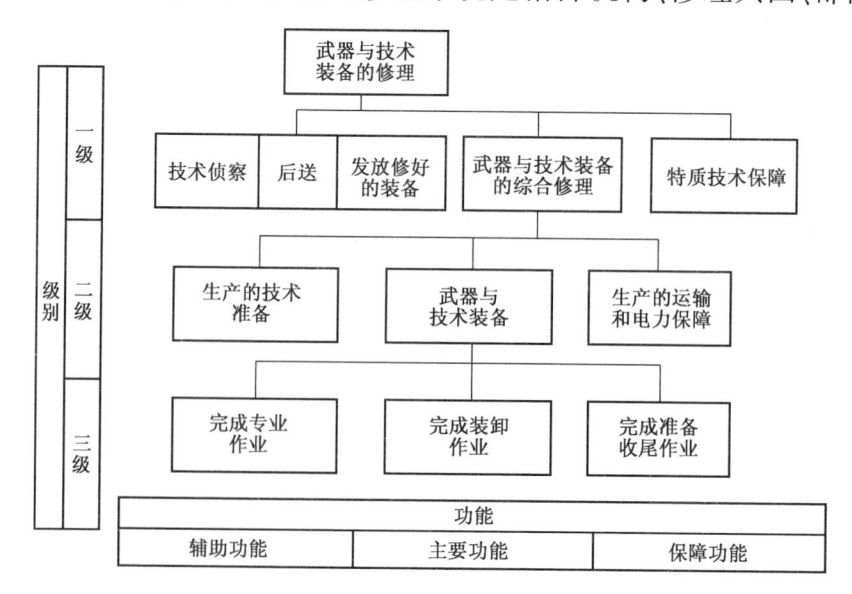

图2-3 武器与技术装备修复体系结构图

分队、工厂和部门的总和。它们在统一的原则和方法的基础上进行活动。修理系统的目标是直接在战斗行动中及时修理受损武器装备，保持部队的战斗力。

俄军认为，修理是一种综合措施，包括武器装备的技术、侦察、后送、修理，并送至部队、储存基地、新组建部队与兵团的所在地。修理系统完成的任务可以分为主要任务、辅助任务和保障任务。完成这些任务是下级相应子系统的职能。

许多机构的内外联系复杂多变，仅凭感觉和经验的传统管理方法有很多弊端。错误或者低效率的决定所付出的代价明显增加。所以，科学的管理方法的作用就显得非常重要。

现阶段管理的科学性是指要全面考虑决定单位或组织(系统)职能的质量和效率的众多规律，还必须考虑诸多因素的作用和影响。近年来，在科研、生产以及其他领域使用的方法之一就是系统的方法。系统的方法作为系统客体发展知识的总称，是现阶段解决复杂问题的客观必要的方法。

俄军发展了系统思想，并使其深入到包括军事技术领域在内的多种领域，使武器和技术装备修理系统的完善进入新的阶段。在20世纪，俄军修理部队、修理分队的完善主要在数量和质量上，而现阶段的完善是有组织地发展修理系统，最大限度地激发修理系统的潜力。近年来，俄军制定新的组织编制结构时要求对不同战斗情形下修理系统的功能进行深入分析，这种分析是用最新的数学模拟方法并借助于计算机技术实现的。数学模拟结果证明：必须在战役的层面建立新的修理机构，在战术层面根据结构级别重新合理地配置修理资源，从而提升装备维修保障能力，增加生产能力和提高修理的速度，达到修理的主要目标。

3）基于状态的维修

俄军在装备保障改革中针对装备保障对象的变化，确立了科学的基于状态的装备维修策略。据《红星报》透露，自2010年起，俄军计划分阶段向"根据技术状况实施维修保养的制度"转变，并且区分装备类型分别推进。对正在研发未列装的武器装备，要对其技术状况实施实时监控，而对于老旧装备和现役先进装备，实行综合技术保养制度。基于状态的维修主要采取的措施包括:建立寿命损耗数据库,预测和判断装备寿命;研制信息诊断设备,客观评价装备的状态情况;建立维修信息诊断系统,判断装备全寿命周期的状态;建立全寿命周期状态数据库,判断装备的整体状况。

2. 规划装备保障顶层基础工作

为使装备维修改革取得实效,做好顶层规划和基础性工作必不可少。俄军采取的措施主要有以下几方面。

一是全面制定有关装备实施技术维修的所有技术标准文件。针对每种型号装备,与装备研制单位协商制定技术规程文件,并在文件中明确质保义务。过去一段时期,武器装备的技术维护与维修指平时和战时大规模地恢复同一型号量产装备的完好性、工作能力和使用寿命。这些装备无论配套程度还是使用期限都是相同的,通常使用集中供应的维修材料、组件与部件实施修理。因此,现行的武器装备维护与维修体系在诸多方面已不能适应新的装备情况。

二是编制装备分类清单。装备分类清单中明确生产企业或修理企业在保持装备处于规定完好状态方面的责任。俄军将装备分为四个大类,即处于生产企业质保期内的新型装备、剩余使用寿命的装备(已超过质保期,工业企业仍在生产型号)、剩余寿命的装备(工业企业已不生产和修理的老装备)、其他类装备。其他类装备分为两种情况:一种是使用寿命已完全消耗的列装装备(老型号,工业企业已不生产和维修),实施过大修但还可以维修,无质保期;另一种是使用寿命已完全消耗,已不适合修理,将对其注销和报废。

三是建立最佳维修链。在部队驻扎地附近组建装备综合维修中心,完成已过质保期装备的维修。

四是建立数据库。统计每一种装备的技术状态,确定装备在技术维修方面的需求,使装备始终处于规定的准备状态。同时,在制定和修订《武装力量建设规划》《武装力量综合配装计划》时,利用该数据库预测中短期内装备所需的资源规模。

五是确保维修质量。在维修体系框架内,利用经济和行政措施,建立对维修工作数量和质量进行监督的有效机制。

3. 重构装备保障体系

装备保障体系是一个复杂的系统工程,也是保障工作有效发挥的组织保证。组织体制的改革是军事改革的重点和难点,没有组织体制的重大转变,就不可能有军事效能的跃升。俄军装备保障改革先从保障体制改革着手。装备保障体制编制和力量配置需要与未来装备保障需求相适应,与作战部队体制编制相协调。随着军队各种信息化装备的不断增加和军队编制体制结构的优化调整,要求改革保障组织体制采取相应举措。

1) 建立"后装合一"的保障管理体制

为形成统一的物资与技术保障,俄军进行了后勤保障与装备技术保障的合并统一,如图2-4所示。

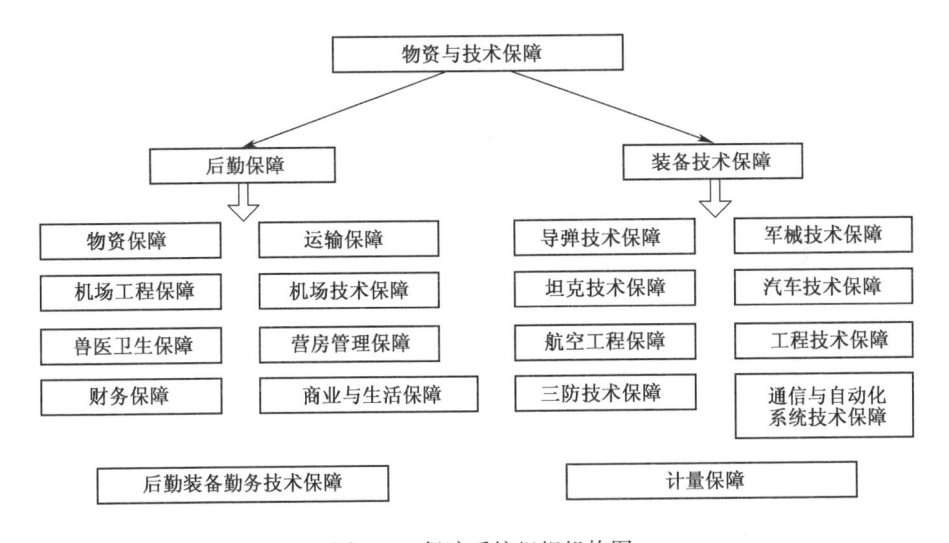

图 2-4 保障系统组织机构图

俄军的保障体制,从管理上分为总部、军兵种、军区和基层部队四个层次,从指挥上形成了联合战略司令部(军区)——战役司令部(集团军)——旅三级体制,从维修级别上仍然实行大、中、小三级维修。

整个保障系统由固定保障力量和机动保障力量两部分组成。从营到旅及其他兵团、军团都编设机动保障力量,军区编设物资与技术保障旅,合成旅编设物资与技术保障营,营编设物资与技术保障连。固定保障力量主要是物资与技术保障基地、军械厂(库)及其分部、储备基地等。

2）科学划分装备维修机构职能任务

按照改革计划,俄军将统一合并生产企业、国防服务股份公司及部队维修机构的力量形成新的装备保障体系,保证武器装备在整个使用期内的完好性,装备的使用期取决于战略任务情况及装备更新的速度。装备维修将遵守的原则:①新装备维修体系将在该武器装备的研制阶段确定,主要维修种类由武器装备的生产企业确定和完成,国防服务股份公司的分队也可以参加;②在最短的时间内,制定老旧武器装备服务性维修体系,使其能够在规定的整个使用期限始终处于规定的准备状态;③老旧武器装备的维修由国防服务股份公司、部队维修机构完成,生产企业也可以在签署合同的基础上参与维修。

国防服务股份公司在部队驻地附近设立服务中心,该服务中心完成以下工作:①装备列装部队后、移交维修前、维修完毕归建部队后,装备使用前进行系统的诊断和检查;②从列装部队到报废的整个生命周期内,详细统计每一件装备的技术状态和服务性维护情况;③完成对装备的服务性维护工作;④对装备实施小修、中修和大修;⑤根据查明的故障,及时向生产企业提供备件需求信息;⑥向生产企业订购备件;⑦组建仓库供应保障系统;⑧与部队维修机构一起制定措施,完成作战、演习及自然灾害中受损装备的后送与修复。

生产企业完成以下工作:①制定与完善装备服务性维修的文件;②对装备进行大修和升级改造;③对装备实施质保维修;④对有剩余使用寿命的装备进行服务性维修;⑤修理出现故障的复杂组件与部件;⑥补给备件。

部队的装备维修机构完成以下工作:①参与对装备进行的故障诊断和维修工作;②统计装备的技术状态;③完成个别装备维修工作;④在国防服务股份公司的服务中心订购备件、组件、发动机等;⑤及时有效地修复装备;⑥无论故障原因如何,都采取综合措施完成计划外维修任务,保证在订货人提出的期限内,使装备恢复完好状态。

在装备驻地没有设立维修基础设施的生产企业,国防服务股份公司将利用组建的服务性基础设施履行生产企业的维修职能。另外,国防服务股份公司所属企业还能够对生产企业不再维修的装备进行大修(包括升级改造)。

3) 构建装备维修体系及中心网络

新型装备维护和修理体系包括两个子系统:一是在工业企业及国防服务股份公司的企业中,按照规定的程序建立工厂级维护与修理子系统;二是在各旅、战役、战略司令部的修理修复机构以及国防服务股份公司服务中心的各分队中,按照规定的程序建立部队级维护与维修子系统。

构建装备维修服务中心,形成系统的装备维修网络,是满足当前战略任务需要和适应市场需求的有效方式。目前有两类生产企业有能力在武器装备的常驻地组建自己的服务中心网络。一是生产军民两用技术设备的企业,这类企业在俄罗斯全境都有服务中心,如"卡玛斯"汽车股份公司;二是生产较为复杂的武器装备的企业,这类企业生产的装备在各兵团与部队中配备的数量不多,但是维护和修理的价格很高,如战略火箭兵和航天兵武器装备的生产企业。其他装备的服务性维修任务要求建立专用的服务性基础设施,将地区性和部门性的维修中心进行最佳结合。地区性维修中心可以在国防服务股份公司分支机构的基础上组建,并与部队驻扎地相结合,既可以利用国防服务股份公司的生产能力,又可以利用部队维修机构各分队(技术维修站、部队汽车维修所、移动汽车维修站)的能力。部门性维修中心可以在国防服务股份公司服务中心、武器装备研制及生产企业协作体系的基础上组建。为满足装备维修任务需要,俄军将在国防服务股份公司企业的基础上,建立两类服务性维修中心:一是汽车装甲坦克武器、导弹炮兵武器、无线电技术装备综合维修服务中心;二是飞行器维修服务中心。此外,现有生产企业还将设立电信装备维修中心、测绘装备维修中心、战略火箭兵装备维修中心、铁道兵装备维修中心等。

总之,俄军将在生产企业、国防服务股份公司及部队维修机构的力量、军事指挥机关以及装备研制者之间建立灵活有效的协同体系,重构装备保障体系,保证武器装备在整个使用期内的完好性。

4. 优化装备维修保障机构力量

装备维修保障力量是保障活动的主体,是保障能力形成最具能动性、最有决定意义的因素。科学高效地编配和运用装备维修保障力量是提升保障能力的重要措施,也是保障能力生成的关键环节。为了遂行物资技术保障任务,俄军在物资技术保障体系内设置了物资技术保障兵团、部队以及分队。

1) 总部层次

在国防部这一级层次设立物资技术保障中心。物资技术保障中心内部设置了中心武器库、导弹和炮兵武器储存基地与仓库、汽车和装甲物资储存基地与仓库、工业企业和修理厂。

2) 战区或军区层次

在战区或军区内设置物资技术保障综合基地及其分部、专业(汽车、铁路、公路、管线)兵集群、兽医-卫生防疫队、联合工厂、车间、试验室。物资技术保障旅是战区联合作战司令部的物资与技术保障职能机构之一,平时隶属于军区,战时隶属于集团军,用于平时及战时为部队提供保障。其编成包括独立道路警备营、独立汽车营、独立运水汽车营、独立修理修复营(大修)、独立加油连、野战面包厂和洗澡洗衣站。其主要任务包括为所保障部队运送物资技术器材,为装备大规模加油,从仓库、基地、石油加工企业、固定的石油管线向固定燃油仓库以及野战燃油仓库供应燃油,修理武器装备,负责军用公路的修建、使用、技术掩护和恢复,为没有面包制作及给水设备的部队提供面包与水,为所保障部队提供洗浴、理发服务,后送故障武器装备、其他物资以及缴获品。

3) 部队层次

在合成(坦克)师及旅内设置物资技术保障营。在摩步营、坦克营、导弹营以及高炮营内,设置物资技术保障分队,如物资技术保障连、保障排。俄罗斯陆军"新面貌"摩步旅编有11个营、8个直属连和1个直属排,如图2-5所示。

供应营,包括3个运输连、1个供应连。维修营,包括1个装甲装备维修连、1个汽车维修连、1个武器维修连、1个后送抢修连等。

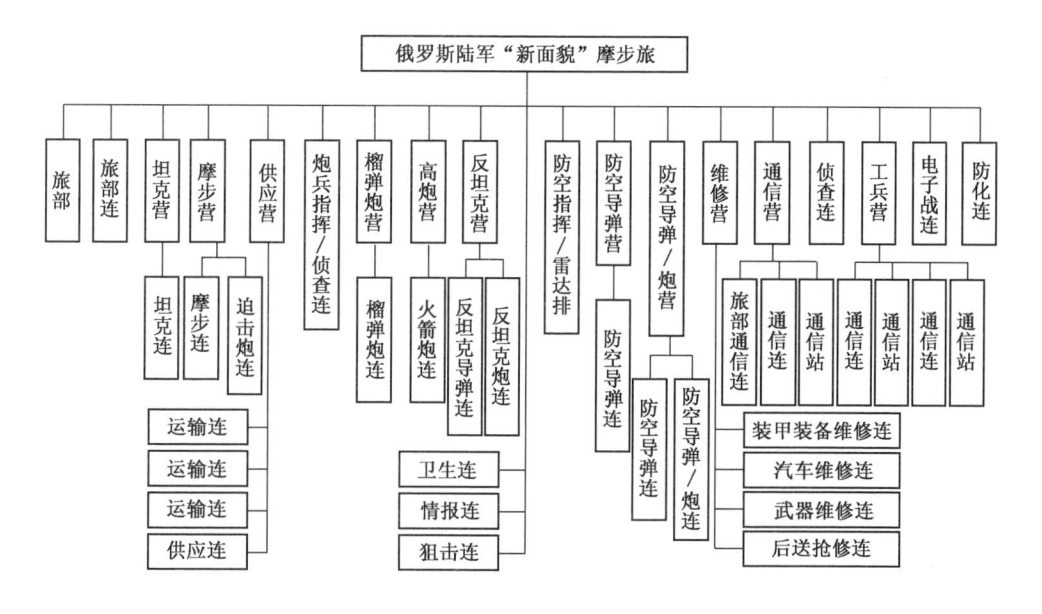

图 2-5　俄罗斯陆军"新面貌"摩步旅的编制结构图

旅级部队保障营的编配体制相同,但根据各旅的不同特点,保障分队(物资保障分队、汽车运输分队、修理分队、洗衣洗澡分队、面包烤制分队等)的编配数量不同。为加强作战分队的保障力量,可根据旅级部队所属基本作战营的数量,在物资技术保障营中组建若干物资技术保障连。平时这些保障连编入物资技术保障营,战时和演习(演练)时配属给合成旅的各基本作战营。旅的基本单位——营(包括炮兵营)也编设物资与技术保障系统,其组织结构与总部、军区、旅的物资与技术保障系统完全一致。

摩步旅修理营编制如图 2-6 所示。

图 2-6　摩步旅修理营编制图

39

5. 加强装备维修保障设施设备的建设

装备维修保障设施设备是装备保障开展的物质基础和手段，是保障能力建设的重要内容。为满足未来战争的装备维修保障需要，提高综合保障能力，俄军一直在进行装备维修保障基地和物资器材储备布局的调整。

1）设施建设

俄军装备保障改革的重要内容之一是对装备保障设施和体系的再造。俄军通过"新面貌"改革，初步解决了装备型号过多的问题，减少了1/2的弹药库、基地和仓库，淘汰了约14万件老式武器装备，包括长期贮存的坦克、火炮和火箭炮系统，以及弹药和特种装备，这些装备一部分被销毁，另一部分转隶中央储存基地和仓库。2005年，俄军已全面完成了装备器材储备配置体系的调整，基本实现了各级强力部门与军队装备大修的区域联合。根据2015年前俄军武装力量部署情况，重新确定综合性物资与技术保障基地的配置地点，分阶段转型为符合21世纪战争要求和能力的现代化大型保障实体，维持各种物资和技术保障勤务的储备品，以及其他军事技术物资（通信器材、三防器材、营具、卫生器材等）。2011年完成第一阶段，即在托斯诺、穆里诺、沃罗涅日建立3个大型保障实体。重要军械厂（库）及其分部的数量和配置地点，根据实际情况重新确定。

根据装备体制改革要求，俄罗斯对现有的277个后勤基地和仓库进行重组改建，成立34个大型综合性的物资军备综合保障基地，就近保障部队的所有后勤物资、装备器材以及食品。

近年来，俄军设立了一种新型装备维修机构，即国防服务股份公司。该公司主要负责服务性维修工作。按照规定的程序，该服务公司分设两个子系统，即工厂级维修子系统以及部队级维修子系统。根据国防服务股份公司与国防部所签署的计划，其下属子公司将对装备的技术状态实施周期性的监控，承担剩余寿命装备的质保任务，并派遣分队完成服务性维修任务。部队级装备维修子系统可以利用装备维修分队（车组、班组等）、部队级装备维修机构及独立装备修理营的兵力，也可以利用国防服务股份有限公司服务中心的力量，在固定或野战条件下完成装备维修任务。装备复杂故障的维修工作包括在技术巡察过程中的装备维修,将由国防服务股份有限公司服务中心的固定维修队或流动修理分队完成。上述维修工作将在部队的常驻地(固定或者半固定)的条件下,采用换件方法完成。装备维修过程中部队维修机构的维修人员可以参与,目的是培训部队维修人员,同时缩短排除故障的时间,使装备在野战条件下尽快恢复战斗状态。

2) 保障装备设备

俄罗斯建军以来,制定了武器装备发展纲要,系统规划了武器装备的发展,保障装备设备作为武器装备系统的重要组成部分,整体建设上遵循了武器装备发展的原则和路径。其具体指导思想和趋势特点有以下几方面内容。

(1) 保障装备发展指导思想。

① 与主战装备同步开发系统配套。俄军保障装备建设强调保障装备与主战装备同步开发并配备,采用与主战装备相同的底盘和上装。这样能确保保障装备具有与部队相协调的机动和防护能力,促进装备体系的优化,降低研制风险,缩短研制周期,增强装备互换性,提高装备的可靠性、维修性。例如,以 T-72 坦克底盘为基础开发了 БРЭМ-1 装甲抢救车,以 T-80 坦克为基础开发了 БРЭМ-80У 装甲抢救车,以 БТР-80 轮式装甲输送车底盘为基础开发了 БРЭМ-К 轮式装甲修理抢救车。

② 注重一体化信息化。俄军认为,未来作战是一体化联合作战,目标是打赢信息化条件下的局部战争。针对未来作战的需要,俄军进行了后勤和技术保障的"后装合一"一体化建设。因此,其保障装备的发展方向是使武器和军事技术装备信息化和智能化,并使其一体化和相互配套,具有多功能性质。

③ 强化技术体制和标准规范。俄军认为,加强技术体制和标准建设,形成通用技术体制和标准规范十分重要。其包括军事技术标准应与国家技术标准相统一;军兵种装备技术标准应与全军装备技术标准相统一;野战信息技术标准应与全军一体化技术标准相通用。不符合技术体制标准的研发项目,不立项、不定型、不装备,坚决走出"先列装再集成"的误区,为实现系统互联、信息互通、功能互操作的一体化建设奠定基础。

④ 强调通用化和自动化。在装备发展中,俄军强调优先发展高技术武器装备,加速武器装备的更新换代;在保证现役武器装备不低于世界先进水平的前提下,努力减少繁杂的现役武器装备型号;通过提高配套部分附件和配件的通用化程度,缩短武器装备研制的周期和降低武器装备研制的费用。在装备保障建设方面,使用先进的技术保养手段和方法降低武器和军事技术装备的使用消耗,使管理过程和军队物资技术保障自动化,建立军队通用的一体化保障系统。

⑤ 突出机动能力、生存能力及综合保障能力。俄军认为,建设一支能在现代条件下可靠保护国家安全的军队,如果缺少功能强大、技术先进、机动性强的保障(后勤)是无法实现的。2008年俄军开始了以"重塑军队面貌,提高部队的机动性和快速反应能力"为目标的新一轮军事改革,达到实现"现代化、机动能力强、训练水平高、反应迅速"的目的。同时,为适应未来快节奏、高强度信息化局部战争要求,努力提高保障装备的机动生存能力和综合保障能力。

(2) 保障装备发展特点趋势。

随着军队各种信息化装备不断增加和军队编制体制结构优化调整,俄军的装备技术保障与后勤保障实现了合并统一,保障装备的结构优化与性能提升成为俄军装备建设的一项重要内容。俄军保障装备的发展,主要是进一步提高其信息能力、机动能力、防护能力和综合保障能力。

① 减少装备种类,优化装备体系是保障装备建设的方向。由于俄军技术保障是按照装备种类划分,实行通用与专用相结合的模式进行保障装备的配备,各类装备均有专用的保障装备,因而形成了种类多、型号杂、数量大的局面。现代战争要求保障装备具有综合性和多功能性,保障装备要求符合后勤保障与技术保障合一的保障体制,因此减少保障装备的种类,优化装备体系,成为俄军保障装备发展的方向之一。同时,随着信息技术、导航定位技术以及人工智能技术的发展,各种信息化保障装备将进入使用阶段,各种装备保障机器人、无人装备保障车辆、装备保障无人机等将得到快速发展和应用。

② 实现检测诊断装备功能综合化是建设的重点。俄军在保障装备改革中针对保障装备对象的变化,确立了"根据技术状况实施保养

的制度",并且推进区分装备类型。正在研发未列装的武器装备,创造条件对其技术状况进行实时监控,而老旧装备和现役先进装备,实行综合技术保养制度。提高装备状态的实时监控水平,综合化多功能的检测诊断系统是必不可少的,因此俄军将重点发展装备自动诊断和检测设备技术。将检测设备的检测电路和传感器安装到装备上,外设装备检测电路接口或不用外设,即可自动显示主要部件状况。一旦出现装备故障,立即可以检测故障位置,确定修理方法,尽快恢复装备的作战能力。

③ 增强保障车辆的机动、防护及作业能力是建设的重要内容。俄军认为,保障车辆的一个明显不足是采用了老式工艺设备作为其配套设备,这种工艺设备既笨重、又效率低。此外,保障车辆与作战装备的工艺设备不完全配套,其机动能力和防护能力偏低,不能保证在战斗部队各分队和部署部队各梯队编成中主战装备及时进行修复,也不能确保各部队保持长时间作战能力。所以,提高保障车辆的机动、防护和作业能力成为保障装备发展的重要内容。其内容主要有三方面:一是按照前沿地带、战术行动区和战役行动区规划移动式保障装备的发展,按照需求确定机动能力要求。以具有高生存力和机动性的装甲车辆底盘为基础,研制部队战术级别的通用机动维修装备;以高机动性汽车为基础,研制战役级的机动维修装备,未来在机动维修装备体系中研制寻找战损装备并能确定其位置和技术状况的特种技术侦察车辆,在不降低技术能力的情况下减轻装备体积、重量。二是在装备的更新上将广泛应用最先进的科学技术,提高作业能力。例如,研制和使用修理新技术工艺及高效诊断器材,用液压起重装置替代基型车绞盘起重吊车,使用由基型车供电的小型电焊装置,研制和使用自供柴油动力的小型电气装置,装备高效液压和电动拆卸工具,使用可在野战条件下修理液压系统的技术工艺设备,确保移动式修理装备可在低温条件迅速进入工作状态。三是应用加装装甲、车辆密闭、集防系统、隐身等技术和方法,增强车辆的防护能力。

俄军全部换装新一代装备,机动保障装备通用化程度将大大提高,装备的生存防护能力、机动性能将有较大改善,保障车辆的性能将有明显增强。

6. 装备保障方式的变革

俄军装备保障改革先后经历了区域化保障改革、以区域化保障为基础的一体化联勤改革和联合一体保障改革三个阶段,目前正在建设和确立联合一体的保障方式。

1) 联合一体保障

始于2008年的俄军"武装力量新面貌"改革,将后勤保障系统与装备技术保障系统合并,建立了符合未来快节奏、高强度、信息化局部战争要求的"后装合一"的保障体制。其不仅是武装力量进行优化的需要,也是物资与技术保障系统适应军事行动方法进行相应变革的需要。

俄军多年来实行的是按专业组织保障的模式,其改革思路是通过提高专业系统保障能力进而提高综合保障能力。在发展和完善导弹军械技术保养系统方面,重点工作是组建平衡有效的导弹军械系统;优化导弹军械总局和各级导弹军械勤务部门的编成及组织体制结构;对总部和军区直属的修理机构、导弹技术大队、军械厂(库)以及部队仓库实现技术改造;建立合理的导弹军械技术保养与修理体系。装备坦克与军用汽车的修理系统,主要通过区域性行政调整,配置修理系统。

2) 军民融合保障

俄军认为,武器装备大修效率低,是国防部的非核心能力。因为现有装备维修工厂的技术和人员尚未准备好有关现代化武器系统的相关工作,不能完成大量密集的维护工作。所以,从2011年开始越来越多交付的新军事硬件需要对维修程序做出改变,并由俄罗斯综合型的防务企业进行维修工作。

2013年初,俄军基本决定改革装备维修系统。重建的装备维修分队负责例行保养,工业企业负责进行装备中继级维修、大修和现代化升级。保修期内的武器装备和基地系统的维修必须由专家负责。

俄军在改革中积极采取外包方式进行物资与技术保障工作,主要是在技术装备的保养与维修领域。该领域分为两部分:第一部分,通过签订合同,将武器和技术装备的维修交给地方生产商负责;第二部分,采用直接供应方案,即供应商赢得竞标后直接将所有物资器材运输到使用单位。俄军计划进一步扩大装备保障外包的范围和规模。

3）机动伴随保障

俄罗斯陆军将保障装备划分为机动和固定两大类。机动伴随保障是其保障实施的重要方式。俄罗斯陆军计划通过研发模块化的部队修理机动（移动）装备，使装甲车辆和军用汽车的技术保养与修理器材实现通用化，坦克和汽车的部队级修理实现机动化。

4）基于性能的保障

俄军在装备保障改革中针对保障对象的变化，确立了科学的装备维修方式。据《红星报》透露，俄罗斯计划分阶段向"根据技术状况实施保养的制度"转变，并且推进区分装备类型。

7. 完善装备维修保障人才队伍

装备维修保障人员是装备保障能力形成的关键因素。俄军认为，武器和军事技术装备维修效率与质量的高低取决于诸多因素，其中最重要的因素之一就是装备修理机构的人员执行既定任务的专业水平。

1）优化装备维修专业设置

部队列装的武器和军事技术装备的结构日趋复杂，专业修理人员在工作中不得不使用越来越多的技术装备、索具、仪器、设备及各种材料，修理人员还需要掌握技术诊断技能，搞懂复杂的技术文献，选择科学的修理方法。所有这些因素都提高了对修理分队专业人员完成武器和军事技术装备综合修理各种作业方面的知识和技能的要求。同时，修理科目不断增加，提高了修理难度。因此，在武器和军事技术装备的修理机构中，军事训练专业的课目越来越广泛。俄军积极研究新的装备修理专业设置和训练，提升装备修理效果。

俄军有关专家认为，现代装甲车辆的部队修理，必须以具备高度熟练的修理专家（修理工）为前提，尤其是修理武器、无线电、机电和光电设备。目前修理专家类型满足不了部队级修理机构的需要，现行编制的修理工类型不适合俄军第二代坦克（T-64、T-72、T-80、T-90）的要求。俄军在车臣作战中也充分暴露了部队级修理机构缺少专业技术人员的状况。由于缺乏专业技术人员和备件，部队级修理机构实际上无法修理炮兵和坦克武器、火控系统、装弹机构（自动装弹机）、特种电气设备、通信器材等装备,有26%的技术装备需由工厂的专业技术人员来修理。俄军专家建议装甲车辆修理专家由现在的履带式装甲车辆修理专家、轮式装甲车辆修理专家、电气设备修理专家、装甲钢焊接专家4种类型,增至坦克和坦克底盘类的车辆修理专家、步兵战车和步兵战车底盘类的车辆修理专家、轮式装甲车辆修理专家、机电设备(供电和启动系统、集体防护系统、电气设备、活动修理工具)修理专家、无线电和武器综合控制(稳定器、装弹机、导航仪)修理专家、光电设备修理专家、装甲钢焊接专家7种类型。

2) 改革训练体系

装备保障人员的教育培训是装备保障改革的根本,关乎改革的成败。俄罗斯联邦国防部(简称:俄国防部)部长在视察军事物资与技术保障学院时指出,必须对军事教育体系和现行院校结构进行深度改革,目标是组建统一的军官培训体系。2010年12月《红星报》署名文章认为,俄军向统一的物资与技术保障系统过渡,还需要重新研究军官队伍培训的组织问题。从院校结构方面主要是调整体系结构适应联合保障需要。为适应"上下衔接、系统培训"的要求,俄国防部要求俄罗斯高等军事院校根据统一训练大纲,指导院校的招收数量、培养对象、施训内容等。经过体系合并与调整,俄罗斯军事后勤与运输学院更名为军事物资与技术保障学院,下设5个分院,包括军事铁道兵与军交专科学院、军事工程技术专科学院、沃利斯克分院、沃姆斯克分院、奔萨分院。其中沃姆斯克分院主要培养装甲车辆修理专业人员,奔萨分院主要培养军械设备、武器装备修理人员。该分院从培训层次上,采取统一综合的多层次分级培训,确保军官能够正确指挥组织物资技术保障;从培训内容上,将后勤保障和技术保障(汽车技术保障、坦克技术保障、导弹军械技术保障、炮兵技术保障)培训内容进行综合,提高综合性。

3) 关注实战化训练

俄军装备保障训练强调全天候,训练通常不区分白天和夜晚且更重视夜间训练。训练通常在野外条件下进行,训练强度大,十分接近实战。其将装备保障完全纳入作战行动之中进行整体作战训练,装备保障训练作为军事训练的重要组成部分,使装备保障训练更贴近实际、接近实战。2007年的中俄联合军演,俄军设置了战场抢救抢修的装备保障演练科目,把装备保障完全融入作战行动之中进行真实演练、有机结合,体现合理、实用、高效、节约的实战化训练思路。

8. 提升信息保障能力,实现保障指挥信息系统的信息化和一体化

俄军将加快发展和完善以计算机科学技术为核心的一体化指挥自动化系统,特别是改变指挥环境电子化和一体化程度严重落后的局面。俄军拟采取两项措施。一是启动国防部作战指挥中心,对全军战斗勤务及作战值班、军队和国家平转战措施执行、军队和武器装备调动等进行监控;启动国防部"日常活动指挥中心",对国防订货落实情况、部队接收和运用新型武器装备情况、动员准备和战斗准备情况、物资技术保障情况、财务保障及其他保障情况进行实时控制;将后勤保障信息系统和技术保障信息系统合并,多种系统联接为一个一体化系统,提高指挥效能和稳定性。二是进一步推广运用现代信息技术和导航技术,研发军队物资运输指挥与控制跟踪系统,通过利用格洛纳斯导航卫星系统(Global Navigation Satellite System,GLONASS),启用移动目标位置监控系统精确定位在运车辆和物资位置。通过对军师级各种组成部分进行全面综合研究,使技术设备和软件实现通用化,建立集侦察设备、武器、电子对抗设备、部队与武器的指挥控制设备完全一体的系统,提高作战效能。

9. 确保装备维修经费支撑和装备维修质量提升

在维修经费管理方面,目前俄军武器装备小修、中修、大修和升级改造的财政拨款机制存在系统缺陷,即在确定装备服务性维修的需求时采用的是"申报"原则。未来俄军在确定装备维修的财政拨款方向与规模时,将遵循的原则:一是针对每种型号的装备制定重新配装计划,根据该计划确定一个大致的使用期限,在该期限内将保证列装的该型装备始终处于战备状态,根据装备不同阶段的技术状态,制定其服务性维修的综合计划;二是为了保证装备在整个使用期限内可靠的完好性,将确定服务性维修的价格及所需工作量;三是装备大修加升级改造将不按服务性维修对待,而按购买新装备对待;四是装

备从武装力量中退役的计划须与国家武器装备发展规划相一致,以便最大限度地利用已经注销的武器装备。

在装备维修质量提升方面,俄军武器的维修计划中所有装备都将得到生产企业的质保服务,质保服务由生产供货企业或者国防服务股份公司维修分队提供。与此同时,俄军还将采取行政管理与经济刺激的方法对装备维修质量进行监督:行政的方法由部队指挥员及军事指挥机关实施,根据质保期内装备发生的每一起故障及非正确使用装备的责任,提出索赔;实施经济刺激的方法,目的是为了使国防服务股份公司的服务中心及生产企业因重复完成服务性维修带来的损失降到最低。

### 三、启示

美军、俄军的装备维修保障发展和变革给我军带来了深刻的启示,为我军的装备维修保障建设提供了有益的借鉴。

1. 全力构建装备网络信息系统,夯实装备维修保障技术基础

网络信息体系建设是我军军事变革的核心内容,装备维修保障的发展也必须以网络信息技术的推动为前提。海湾战争之后,美军充分利用新军事变革的有利时机,率先以信息化战争为背景谋划军队建设,不断完善信息化体系。随着装备维修保障对于装备信息化程度的要求不断提高,必须把信息技术的开发和应用作为军事保障变革的核心,加速装备保障信息化步伐。

因此,应加快建设无缝连接的装备维修保障指挥信息系统,提高装备维修保障指挥调度自动化能力,大力解决网络信息化建设中存在的信息系统不兼容、信息资源不能共享的问题,建立覆盖全军的装备维修保障一体化网络信息系统。从而能够对未来军事行动所需的装备保障力量、装备保障资源、装备保障能力进行精确计算、准确投放,实现集装备保障管理、装备保障指挥、装备保障行动于一体的装备保障指挥自动化,实现军事装备保障的实时调度指挥。

此外,还应建立完整的"全资可视化自动信息系统"。该系统能够实时获取装备保障对象的需求及资源供应的类型、数量和流向等信息,从而实现全时段、全方位、全过程的供应保障。伊拉克战争前,

美军根据对战争进程的预测,只储备了一两周的装备保障物资,其他装备保障物资则通过比较完善的全资产可视化自动信息系统实现即时保障补给,既避免了物资不必要流动和浪费,又提高了作战效益。

2. 以装备维修体制改革为契机,推动装备维修保障能力生成

美军改革实践表明,促使新型复杂装备形成装备维修保障能力、优化装备维修保障体制改革是其他维修改革的带动力和驱动力。长期以来,我军三级装备维修保障体制,较好满足了机械化、半机械化条件下各军兵种独立承担军事任务的保障需要。但是,随着大量高新技术装备列装,这种装备维修保障体制不能充分满足新型复杂装备维修保障需求,也不能满足未来战争需要。装备维修保障体制应该由三级体系向二级体系转变,部队级装备修理应该由原件修复向换件修理转变、由零部件更换为主向部组件更换为主转变。

3. 通过优化装备维修保障作业方式和方法,创新装备维修保障作业模式

为适应战争形态的不断变化,我军新型高技术装备迅猛发展,装备自动化、智能化程度越来越高,原来针对机械化装备的装备维修保障方法和保障维修制度已不能够完全适应这种变化。所以,必须优化装备维修保障的方法,从基于装备寿命、故障、损耗、控制的预防性维修保障,向基于装备状态的维修保障转变。

# 第五节　基于 SWOT 分析模型的陆军部队级装备维修保障作业模式需求描述

通过上面的分析为确定我军部队级装备维修保障作业需求奠定了基础。本节借鉴 SWOT 分析模型对陆军部队级装备维修保障作业需求进行描述。SWOT 分析模型是一种战略环境分析方法,在国内外普遍使用,可以把内外因素综合起来,从而使分析更具有针对性[44]。

## 一、SWOT 分析模型简介

SWOT 分析方法最早是美国学者安德鲁斯( Kenneth R. Andrews)

于1971年在《公司战略概念》中提出的。SWOT 是由 strengths、weaknesses、opportunities、threats 四个英文词首字母构成,意思是优势、劣势、机遇和威胁。优势、劣势是内在条件因素,机遇、威胁是外部环境因素。它是通过调查问卷、走访调研、专家咨询等方式,在科学分析现状的基础上找出研究对象面临的外在机会、潜在威胁、内部优势及劣势,进行综合评估、分析,制定调整发展战略和采取应对措施。

1. 分析内外因素

运用调查问卷、文献综合分析等方法对研究对象的内在条件因素、外部环境因素的现状和趋势进行全面分析。内在条件因素主要是自身优势和劣势,包括组织结构、实力、资源、发展潜力等,是影响研究对象发展的内因;外部环境因素主要是研究对象面临的机遇和威胁,包括竞争对手情况、社会环境、自然环境等,是影响研究对象发展的外因,如图2-7所示。

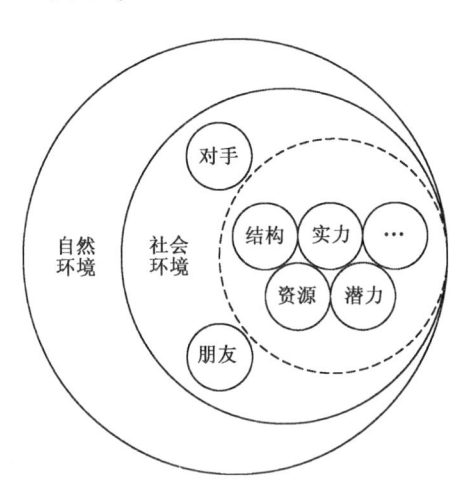

图2-7 研究对象的内在条件因素和外部环境因素

2. SWOT 分析

运用系统分析方法将优势、劣势、机遇和威胁四种影响因素两两匹配,按照发挥优势、克服劣势、抓住机遇、避免威胁的基本原则,形成不同类型的需求策略,为决策者提供支持,如图2-8所示。

3. 构建 SWOT 矩阵

将研究分析到的各因素对研究对象的影响,填入矩阵中,见表2-1所列。

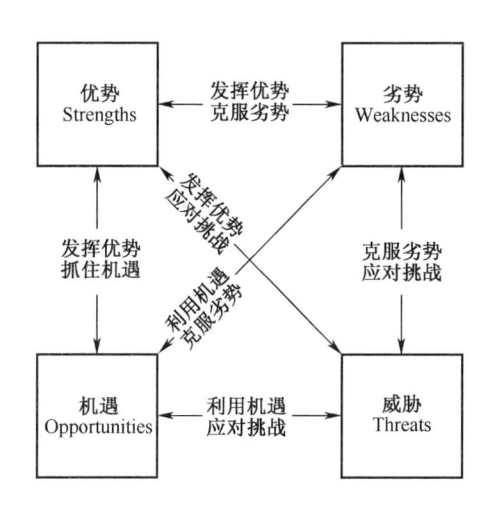

图 2-8 SWOT 交叉分析图

表 2-1 SWOT 分析矩阵

| 外　因 | 内　因 | |
|---|---|---|
| | 优势 S | 劣势 W |
| | 优势内容 | 劣势内容 |
| 机遇 O　机遇内容 | SO<br>发挥优势、抓住机遇 | WO<br>改进不足、抓住机遇 |
| 威胁 T　威胁内容 | ST<br>发挥优势、监控威胁 | WT<br>消除劣势、避免威胁 |

运用 SWOT 分析矩阵进行分析,可以全面把握我军装备维修保障作业的内部优势、劣势和外部机遇、挑战,认清陆军部队级装备维修保障作业需求,为构建装备维修保障作业模式这个目标奠定基础,为选择构建装备维修保障作业模式的重点和对策措施提供依据。

**二、装备维修保障作业模式的发展策略**

综合本章第三节和第四节的分析,可以总结出装备维修保障作业面临的优势、劣势、机遇和挑战,对其内外因素进行组合匹配后,可以得到四方面的装备维修保障作业发展策略。通过策略之间的比较,可以分析出当前装备维修保障作业模式构建的需求以及发展方向,核心思想是发挥现有装备维修保障作业的优势、抓住发展机遇、

51

弥补自身不足、积极应对挑战,见表2-2所列。

表 2-2 SWOT 分析矩阵

| SWOT 分析 | 自身优势 S<br>●军队改革基本落实<br>●制度法规逐步完善<br>●维修体系基本形成<br>●人员素质逐步提高 | 自身劣势 W<br>●功能不够完善<br>●结构不够合理<br>●运行不够顺畅<br>●资源不够完备 |
|---|---|---|
| 发展机遇 O<br>●国家经济飞速发展<br>●国防建设加速推进<br>●军民融合深入发展<br>●信息技术广泛应用 | SO:充分利用国家社会经济发展和军队转型建设契机,加快构建新型装备维修保障作业模式,加速提升装备维修保障作业能力 | WO:依托地方优势弥补自身不足,按照任务统筹、力量重组、流程优化等方法,调整优化组织结构和运行机制,加快人才培养,加大资源利用率 |
| 面临威胁 T<br>●作战样式多变<br>●保障任务多样<br>●保障对象复杂<br>●保障要求提升 | ST:发扬自身传统优势,增强自身能力,针对新形势新任务创新完善装备维修保障模式,努力实现综合保障、立体保障、精确保障 | WT:以实战化训练为牵引,加强理论创新和实践检验,针对组织管理、技术应用等方面加大整改力度,推进维修保障作业能力整体转型 |

**1. 装备维修保障作业 SO 策略**

SO 策略体现了装备维修保障作业转型的可行性,通过对自身优势和外部机遇的交叉综合分析,明确发挥自身优势快速发展、抓住外部机遇的需求。多年来,我军基层部队全面总结"两成两力"建设实践,在新的起点上深化全军部队装备建设,在建设理念、组织形态、资源配置、能力建设方面取得丰硕成果。陆军部队级维修保障建设也要紧密围绕"全域作战、立体攻防"的转型目标,抓住军队规模结构和力量编成改革契机,不断完善现有装备维修保障结构,优化装备维修保障作业运行机制,加快构建装备维修保障作业新模式、新能力,夯实基层部队的装备维修保障能力基础。

**2. 装备维修保障作业 ST 策略**

ST 策略体现了装备维修保障作业转型的必要性,通过部队对装备维修保障的优势和挑战的综合分析,明确发挥自身优势,避免或监控威胁,积极应对外部因素挑战的能力需求。部队级装备维修保障机构,就是依托现有的设施设备,科学组织筹划任务、增强人员专业素质、提高维修作业效率,主动适应新使命、新任务,努力提升装备维修保障工作的野战性、时效性和复杂性,提升部队级综合装备保障和精准装备保障的能力。

**3. 装备维修保障作业 WO 策略**

WO 策略体现了装备维修保障作业转型的紧迫性,通过对自身装备维修保障系统的不足和外部发展机遇的综合交叉分析,明确利用外部优势条件、弥补自身不足的需求。若要提高装备维修保障能力,就要统筹军地双方优势资源,合理确定任务分工,开创技能培训新途径,建立素质培养新渠道,探索军民融合新型的装备维修保障方式,从而实现有效利用保障资源,有效提升人员装备维修保障能力。

**4. 装备维修保障作业 WT 策略**

WT 策略体现了装备维修保障作业模式转型的约束性,通过对部队级装备维修保障的自身劣势和外部的威胁、挑战进行综合交互分析,把制约装备维修保障发展的根源找出来,明确通过克服自身不足回避或消除威胁的需求。部队级装备维修保障应紧密结合实战化训练,不断加强理论创新和实践检验,改进组织管理方式,增加高新技术装备应用,积极应对新军事变革带来的挑战,推进装备维修保障作业模式的整体转型。

通过上述分析,可以全面分析装备维修保障作业的发展策略,有助于深入理解和把握现阶段传统装备维修保障作业模式的问题和差距,为提出适应当前形势和要求的装备维修保障作业模式提供依据。

## 本 章 小 结

本章分析了陆军部队级装备维修保障作业的现状和面临的形势,介绍了装备维修保障的时代特性和外军装备维修保障的改革发展。在此基础上,运用了 SWOT 分析模型描述了陆军部队级装备维修保障作业的需求,为深入研究装备维修保障作业模式的具体内容指明了方向。

# 第三章 陆军部队级装备维修保障作业模式创新构想

陆军部队级装备维修保障作业模式的发展方向是由传统装备维修保障体制下按专业分类实施、按单元机械合成、按串行逐步实施的模式向适应新体制下基于网络信息体系的装备维修保障作业模式转型。

## 第一节 装备维修保障作业模式的要素分析

研究装备维修保障作业模式,首先应对其基本要素进行系统分析。系统是指由相互作用和相互依赖的若干组成部分结合成的具有特定功能的有机整体[46]。通常系统含有五个基本要素:功能、组元、结构、运行、环境。装备维修保障作业模式也可以看作是一个系统,如图3-1所示。

### 一、陆军部队级装备维修保障作业系统的功能

陆军部队级装备维修保障作业系统的基本功能是完成上级赋予的装备维修保障任务,恢复或保持装备的战术技术性能。同时在以基本功能为核心的情况下,陆军部队级装备维修保障作业系统还应具有组织计划功能、质量管理功能、资源配置功能、技能训练功能等。这些功能形成了对基本功能的补充,促进了基本功能的发挥,对陆军部队级装备维修保障能力具有重要的影响,如图3-2所示。

### 二、陆军部队级装备维修保障作业系统的组元

陆军部队级装备维修保障作业系统的组元是构成陆军部队级装

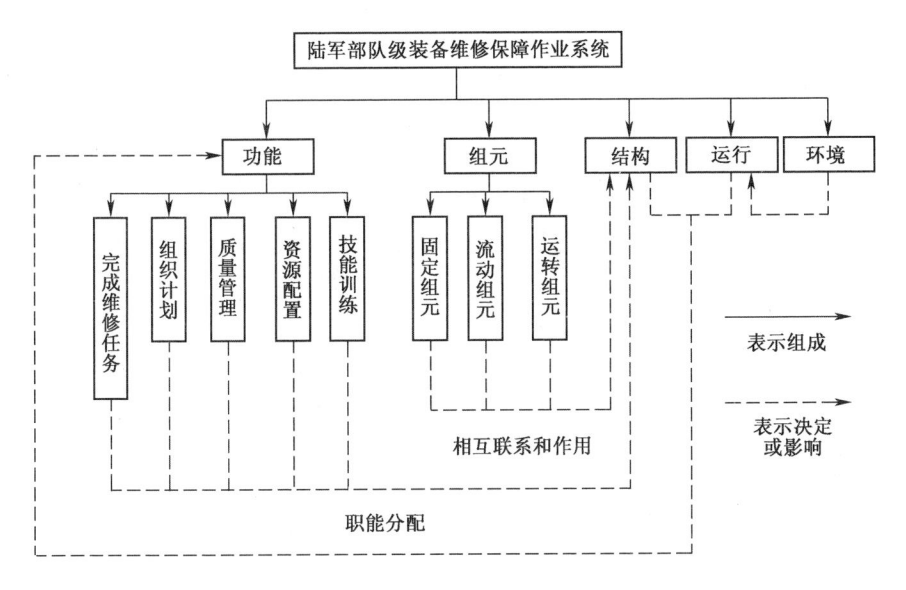

图 3-1 陆军部队级装备维修保障作业系统结构图

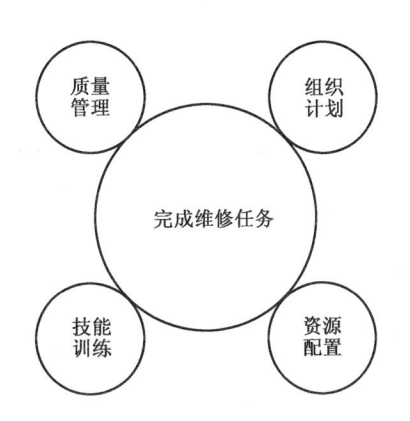

图 3-2 陆军部队装备维修保障作业系统的功能

备维修保障作业系统的基本组成部分,其数量、质量和能力水平深刻影响着陆军部队级装备维修保障作业活动的组织实施和任务的顺利完成。陆军部队级装备维修保障作业系统的组元根据其动态的特性可以分为三类,即固定组元、流动组元、运转组元,三者之间的关系如图 3-3 所示。

（1）固定组元。固定组元是陆军部队级装备维修保障作业系统的基础条件,对陆军部队级装备维修保障作业系统运转具有支撑作

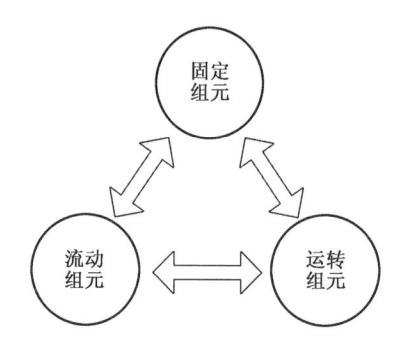

图 3-3　陆军部队级装备维修保障作业系统的组元及关系

用,主要有维修设施设备、维修保障装备、维修器材等。维修设施设备是用于装备维修所需要的建筑物及附属设备,包括作业场地、训练场所、安全设施、试验台、监控设备等;维修保障装备是装备的技术检测、维护保养、抢救修理等技术装备的总称,包括各类检测工程车、拆装工程车、电源工程车、修理工程车等。

（2）流动组元。流动组元是陆军部队级装备维修保障作业的对象,包括维修信息、待修装备、在修装备、生产计划、各类登记统计等。

（3）运转组元。运转组元是陆军部队级装备维修保障作业系统中最重要的资源,也是制约该系统有效运转的能动性因素,主要有维修保障人员、维修保障机构。陆军部队级装备维修保障人员包括维修管理人员、维修作业人员、器材保管人员等;装备维修保障机构包括维修保障机关、维修保障分队、器材仓库等。

陆军部队级装备维修保障人员从具体岗位或工位角度来看,可以视为固定组元;从人员可以增强能力素质、提升维修效益、促进联系沟通角度来看,可以把人员视为流动组元;装备维修保障作业的正常运转需要人员操作和控制,所以人员自身又是运转组元。因此,陆军部队级装备维修保障系统中最活跃的组元是陆军部队级装备维修保障人员。

**三、陆军部队级装备维修保障作业系统的结构**

结构是指系统内子系统的划分及子系统功能的分配。社会系统研究中的组织结构概念反映的是人们在职能、权利、责任方面的结构体系,这个体系主要包括职能结构、部门结构、层次结构三个方面。装备维修保障作业系统也可以看作是一个社会系统,所以可以从这个体系的三个方面对其结构进行分析。

(1) 职能结构。陆军部队级装备维修保障作业系统的职能可以划分为不同类型的单项职能,这些单项职能分配给所属的子系统,这些子系统根据一定的规范形成具有不同功能的结构。可以根据现有的编制划分为维修计划管理子系统、维修教育训练子系统、维修作业调度子系统、维修作业管理子系统、维修勤务保障子系统、维修器材储供子系统等,如图3-4所示。

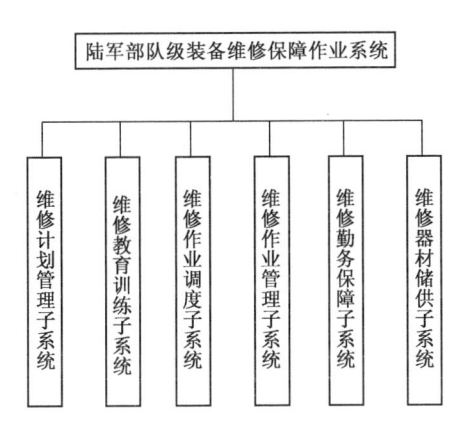

图3-4 装备维修保障作业系统的职能结构

(2) 部门结构。部门是负责指定业务职能的机构,具体说就是确定系统内部人员分工和权利分配。例如,我军原负责装备维修保障的部门包括按照兵种专业划分军械、装甲车辆、工化、车辆、船艇装备等部门以及司令部的通信、测绘、气象、机要部门。目前这些部门统一整合为装备维修部门,并区分为轮履底盘、枪械火炮、通用车辆、指挥控制、通信电抗、雷达导弹、工程防化、测绘导航、气象水文等维修专业子系统。限于机关人员编制数量,一般由相关助理员统一管控、分专业具体指导,如图3-5所示。

(3) 层次结构。层次结构是系统在层级上的划分,其表现形式是系统内部职责的纵向分工,不同的任务由不同层次的机构承担。原体制下的通用装备维修保障实行总部、军区(军兵种)、军以下部队三级保障体制,调整为装备维修保障实行军委、军种、部队三级保障

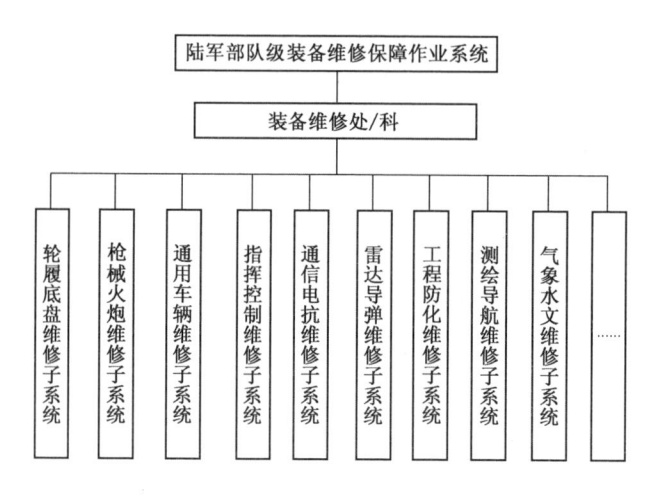

图 3-5 陆军部队级装备维修保障作业系统的专业结构

体制。从陆军到旅团部队,设有垂直对应的业务管理机关,编配有相应的保障力量,如图 3-6 所示。

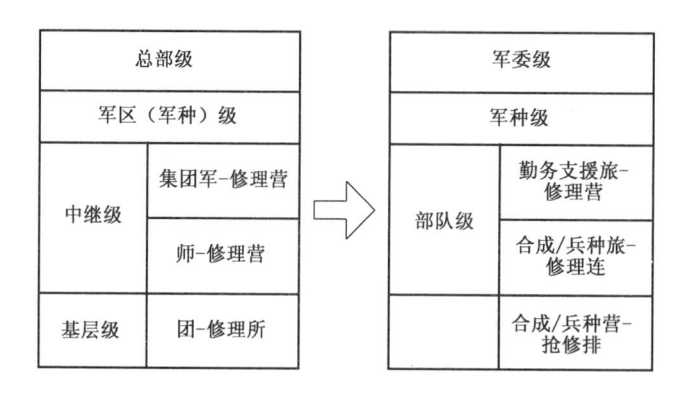

图 3-6 装备维修保障作业系统层次结构转型

## 四、陆军部队级装备维修保障作业系统的运行

陆军部队级装备维修保障作业系统的运行是部队在建立完善的维修保障运行机制的基础上,通过计划管理、协调控制机关和分队的相关活动,合理统筹和协调使用装备维修保障能力,完成装备维修保障作业任务的循环过程。通常,装备使用分队向机关提出维修需求,机关将维修任务下达给修理分队,修理分队通过计划、准备、作业等活动完成装备维修保障任务后,与装备使用分队进行交接。陆军部

队级装备维修保障作业系统运行过程如图 3-7 所示。

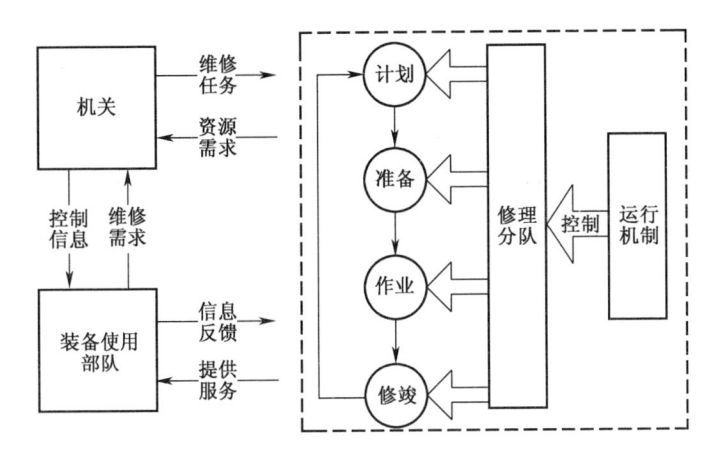

图 3-7　陆军部队级装备维修保障作业系统运行

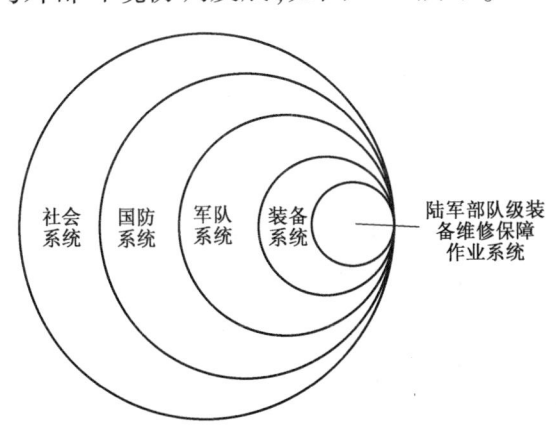

## 五、陆军部队级装备维修保障作业系统的环境

陆军部队级装备维修保障作业系统不是单独的,它处于一定的外部环境中,这些外部环境主要包括社会、国防、军队和装备系统等。只有不断地与所处环境交换信息、物质和能量,才能不断适应所处的环境,才能实现螺旋式上升发展,否则会出现紊乱。因此,陆军部队级装备维修保障作业系统必须积极适应当前所处的环境,努力完善自身能力,改革不合理的因素,增强组元的能力,主动适应外部环境的变化,从而与外部环境协调发展,如图 3-8 所示。

图 3-8　陆军部队级装备维修保障作业系统的环境

59

## 第二节 构建装备维修保障作业模式遵循的原则

创新构建装备维修保障作业模式,应紧紧围绕"保障力量精干合成、保障资源综合集成、法规制度配套适用、保障手段先进高效、运行机制规范顺畅"的总体目标,对各类装备维修保障需求进行聚类分析和层级解构,确立装备维修保障建设新思路,建立运行管理新机制,尽快形成陆军部队级装备维修保障能力,具体应遵循以下几项原则。

### 一、问题导向、体系优化

针对当前陆军部队级装备维修保障作业中存在的任务管理不够顺畅、作业编组不够合理、作业流程不够高效等问题,深入分析原因,研究解决措施,积极探索网络信息环境下装备维修保障作业面临的新理念、新思路、新方法。总结经验教训,深入开展陆军部队级装备维修保障作业能力建设重大现实问题理论研究,切实找准陆军部队级装备维修保障能力建设转型的着力点和途径。着眼融合化的装备保障要求,打破传统的机械化、半机械化条件下各军兵种专业装备保障条块分割、独立运行的建设格局。通过统筹区分装备维修保障任务,统筹使用装备维修保障力量,统筹规划装备维修保障资源,合理调整运行机制,采用横向一体化的技术途径,实现陆军部队级装备维修保障体系的综合集成、整体优化。

### 二、信息主导、实时调控

新形势下的陆军部队级装备维修保障,网络信息平台已成为不可或缺的制胜因素,装备维修保障力量之间以网络为桥梁实现及时的互联互通成为完成维修保障任务的关键。同时,陆军部队级装备维修保障自身系统与外界环境的信息传递都需要以网络为纽带。因此,完善陆军部队级装备保障信息系统,通过将网络信息技术融入装备维修保障建设各个要素、各个环节,及时准确地掌握装备技术状况、装备保障资源配置、装备保障力量运用等实时信息,确保纵向和横向装备保障信息的实时共享、互联互通,努力形成陆军部队级装备维修保障资源全维可视和装备维修保障行动全程可控的核心装备维修保障能力。

### 三、结构合理、灵活编组

陆军部队级装备维修保障力量是陆军部队级装备维修保障能力的关键因素,陆军部队级装备维修保障力量编组的结构深刻影响装备维修任务的完成效率,其规模和数量影响整个陆军部队级装备维修保障作业模式的响应速度、资源配备和完成任务时间。通过基于岗位设置的专业化、人员素质的综合化、编配结构的模块化,实现平时装备维修保障作业灵活编组、战时装备保障模块编成、平战转换按需抽组,确保装备维修保障力量灵活组配、动态调整,达到快速行动部署,满足平时不同保障对象、战时不同作战样式的需要。

### 四、流程简捷、运行高效

装备的修理必须严格按照修理范围、工艺、图纸要求和技术条件组织实施,装备维修任务的顺利完成离不开高效的作业流程。由于各类装备的修理作业流程不尽相同,需要在常规作业流程的基础上,运用现代装备维修技术和手段,合理调整装备维修保障作业步骤,精简、优化、调整相关维修活动,剔除冗余环节,提高装备维修效益和运转效率。因此,运行高效的陆军部队级装备维修保障作业流程是缩短装备在修期,保证修理质量的基本要求。

## 第三节　基于网络信息体系的随需自组织装备维修保障作业模式设计

系统理论认为,演化性是系统的普遍特性,任何系统都处在不断进化之中。达尔文认为,能够生生不息的物种,是那些善于适应各种变化的物种。许多国际知名企业都将"随需应变"作为企业创新和转型发展策略,使企业能够持续保持核心竞争力。

自组织理论认为,如果系统要素按照一定的规则,各尽其责而又默契配合,从而形成的有序活动就是自组织。一个系统的自组织能力越强,其保持和产生新功能的能力也就越强。

从本质看,陆军部队级装备维修保障作业作为一种系统的活动,需求是系统运行的前提,自组织是运行高效的发展方向。随着军事变革的深入发展,随需自组织作为对装备维修保障作业的重要特征,越来越显现出来。例如,美军"感知与响应后勤"其实就是一种"随需自组织"式保障的探索与实践。

综上所述,创新装备维修保障作业模式就是针对我军部队级装备维修保障的使命任务和保障需求,围绕平时精细化管理和战时精确化保障要求,研究装备维修保障作业新情况、合理统筹装备维修保障新任务、规范运行管理新机制,达成最优的保障效果为落脚点。基于上述理论和分析,可以把创新装备维修保障作业模式的目标定位为基于网络信息体系的随需自组织装备维修保障作业模式,如图3-9所示。

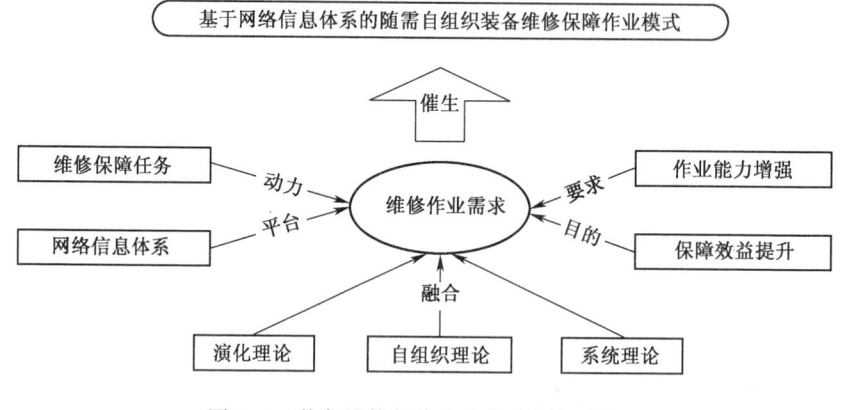

图3-9 装备维修保障作业模式创新分析

**一、随需自组织装备维修保障作业模式的内涵阐释**

基于网络信息体系的随需自组织装备维修保障作业模式是装备修理机构依托部队级装备保障信息系统,主动响应装备维修保障需求变化,对装备维修保障作业活动进行动态调节,合理统筹任务分工、科学控制作业编组、有效管理作业流程,为军事行动提供精准保障作业,从而提升装备维修保障效率、效益的一种模式。

基于网络信息体系是指部队通过构建网络信息体系进行信息互联互通,实现保障要素联通联动,最大限度提升装备维修保障效率。装备维修保障作业能力的提升,就是依托网络信息体系融合保障要素、加速装备维修体系运转,将网络信息技术融合到装备维修作业活动实施的环节中,实现装备维修保障作业任务感知、信息获取、随需决策、力量编组、流程控制、质量监测等环节的无缝连接,平时装备维修保障管理流程可视、资源可调、质量可控,战时保障信息实时获取、力量准确掌控、资源全维可视、活动全时可知,如图3-10所示。

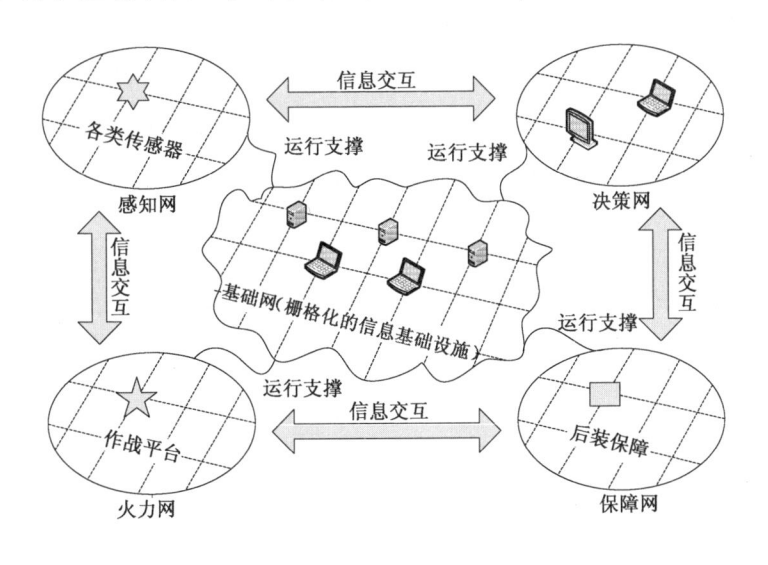

图3-10 网络信息体系结构图

随需是指通过装备维修资源按需分配,装备维修保障力量模块化编成和灵活组配,装备维修保障作业流程动态调整,使装备维修保障体系和装备维修保障作业任务能够高效连接,在装备维修保障指挥和力量运用方面实现对任务需求的快速反应,确保能够实时响应、精准保障,努力实现根据需求、精准保障[34]。

自组织是指装备维修保障活动的自组织性,就是在平时、战时的环境中,装备维修保障力量针对装备维修保障任务需求,综合运用自组织规则和反应机制,迅速且不间断地实现保障要素的聚合及解聚,通过对各个装备维修保障业务模块的灵活组配和拼装,实现对装备维修需求和环境变化的快速感知与反应。装备维修保障作业系统的自组织能力从表现形式看,一是自组织行为的有序度,即装备维修保障力量是否能适应任务需求,保持良性的秩序;二是自组织行为的质量,即是否能保持作战单元的完好性和自身稳定、高效运转的能力。

基于网络信息体系和随需自组织二者相互作用、相辅相成。基于网络信息体系是达成随需自组织的基础,也是实施随需自组织的技术支撑,随需自组织是对装备维修保障的要求,也是装备维修保障追求的目标。

这种模式面向陆军通用装备和部队级装备维修保障业务应用,基本着眼点是满足现阶段装备维修保障向综合化、信息化、实战化建设转型的要求;基本目标是各个保障要素和保障专业综合一体形成合力;基本途径是保障信息的互联互通、保障要素的综合集成和保障体系的融合优化;基本要求是任务统分结合、力量灵活组配、业务融合互动,其结构设计如图3-11所示。

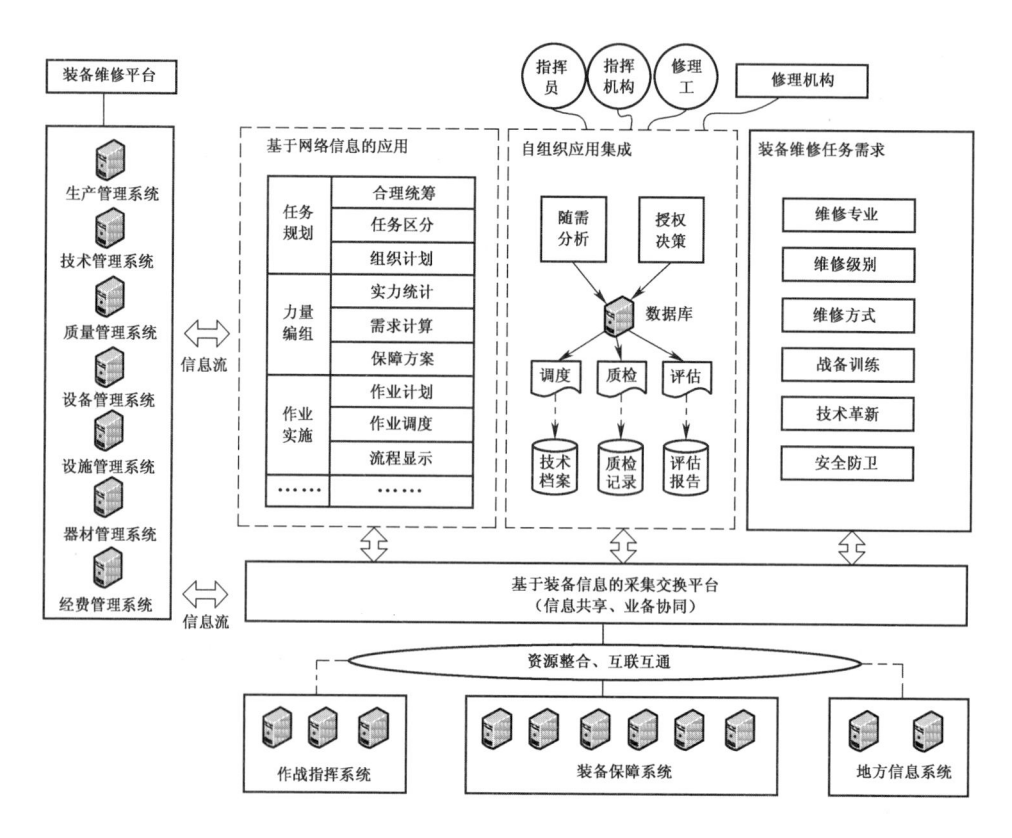

图3-11 基于网络信息体系的随需自组织装备维修保障作业模式结构图

实现基于网络信息体系的随需自组织陆军装备维修保障作业模式的前提是全域构建网络信息体系。其构建要点是基础网络建设、数据建设、装备云服务建设等,以网络平台、微型服务为主要构建的技术路线,以科技创新、群策群力为构建的基本方法,辐射陆军部队不同层级、不同专业的网络信息体系。其构建关键是装备维修保障系统必须有动态重塑能力,通过装备维修保障系统的设计与转型、装备维修保障链路的建设和基于模块化过程的装备维修力量自组织、自适应能力建构,提高装备维修保障系统的适应性。其构建基础是建强新质装备维修保障力量,补齐能力短板、建强保障要素,全面开展部队级主要装备维修能力建设,按照转型升级、综合集成、柔性整合方式,加强主要方向和新质作战力量能力建设,加大技术创新、管理创新和机制创新。

过去时期在演训和平时作业过程中,受装备维修保障信息、作战环境等因素影响,指挥员对装备维修保障需求把握不准确,对装备维修保障力量的质量状况了解不清晰,加之囿于编制体制影响,导致这种模式未能付诸实践。随着网络信息技术的发展和运用,装备保障机构对需求和资源做到了动态实时掌握,使得这种装备维修作业模式的应用逐渐成为可能。随需自组织装备维修保障作业模式是建立在普遍网络化的基础上,装备维修保障机构可以对所属的装备维修保障资源进行统一指挥、调配、管理和运用,当装备维修保障需求产生后,装备维修保障系统迅速进行规划设计,对掌握的资源进行筛选、组合,实现装备维修保障能力最大程度的释放。

## 二、随需自组织装备维修保障作业模式与传统模式的区别

基于网络信息体系的随需自组织装备维修保障作业模式与传统的装备维修保障作业模式有一定的区别,主要体现在保障要求、保障目的、主要做法、关注重点、组织方式和手段建设等方面,见表3-1所列。

表 3-1　传统模式与创新模式的区别

| 项目 | 类别 ||
|---|---|---|
| | 传统基于专业条块分割式装备维修保障模式 | 基于网络信息体系的随需自组织装备维修保障模式 |
| 保障要求 | 立足平时 | 平战结合 |
| 保障目的 | 预先设置、保障充足 | 随需适应、保障精准 |
| 主要做法 | 条块分割、多口交叉、功能重叠 | 职能衔接、简捷高效、功能融合 |
| 关注重点 | 拥有保障能力 | 释放保障能力 |
| 组织方式 | 层层控制、建制保障 | 适度调控、自主组织 |
| 手段建设 | 机械化、人工化、规模化 | 网络化、智能化、模块化 |

从表 3-1 可以看出，尽管我军传统的装备维修保障作业模式符合当时条件下的装备维修保障需求，但随着时代变迁、科技发展、观念转变和军队改革，装备维修保障必将向平战一体化、最大效益化转变。美军虽然没有明确提出随需自组织的装备维修保障作业模式，但是其思想已经融合于"感知与响应后勤"，并在战场上付诸实践，表现出很高的军事经济效益和工作效率。

基于网络信息体系的随需自组织维修保障作业模式与美军的"感知与响应后勤"模式有相同点和不同点，见表 3-2 所列。

表 3-2　我军模式与美军模式的比较

| 特点 || 类别 ||
|---|---|---|---|
| | | 我军模式 | 美军模式 |
| 相同点 | 目标 | 随需应变、精确保障 ||
| | 平台 | 网络化、信息化 ||
| | 方式 | 自主维修、靠前维修 ||
| 不同点 | 背景 | 配合基于信息系统体系作战能力 | 信息技术充分应用 |
| | 阶段 | 改革转型 | 趋于成熟 |
| | 基础 | 后装保障能力深度融合 | 后勤实力充分发展 |
| | 范围 | 自身各层级 | 美军及盟军 |

通过表 3-2 可以看出，构建基于网络信息体系的随需自组织装备维修保障作业模式更适合我军装备维修保障作业模式的发展方向。

**三、随需自组织装备维修保障作业模式的能力构成**

装备维修保障业模式能力的构成由传统的按要素分类建设，以能级要求、绩效指标为标志,向新体制下基于网络信息体系支撑的数据驱动,以要素指标、体系能力为主要标志转型,形成装备维修保障作业动态感知能力、快速响应能力、随需应变能力、自我组织能力。

(1) 动态感知能力。通过加强网络信息体系建设,实现动态感知装备分布、状态和人员位置、资源等基础信息,实时掌握各类装备维修保障活动的信息,及时感知获取作战、训练和战备情况等相关信息,缩短关键数据的更新周期,提高装备维修保障综合任务的完成度,为平时和战时的装备维修保障提供及时、实用、综合的网络信息支撑。

(2) 快速响应能力。通过提高装备维修保障手段的信息化程度,实现在全维空间快速获取装备信息和保障信息,特别是在指挥控制手段上能够实现与装备维修保障需求基本同步、与决策实时交互,在装备维修保障手段上能够提供准确可靠的技术支持,在评估手段上能够实现对装备维修保障过程和效果的精准评估。

(3) 随需应变能力。在网络信息体系条件下,装备维修保障力量的规模不是机械的拼接或合并,而是根据任务性质按照各个专业能力进行效能性的要素集成。利用模块化的思想,通过合理统筹任务、合理配置资源,建立可以随需组配的基本单元,增强装备维修保障力量的柔性应变机能和灵活度,提升应对复杂不确定性的形势和多样化任务需求的能力。

(4) 自我组织能力。装备修理机构和人员把多年积累的经验、知识和传统技能归纳整理并结合起来,找出共性和规律性的活动并加以标准化,提高自组织、自判别、自协调、自决策能力。根据需求灵活组织装备维修保障活动,缩短装备维修保障作业环节的交互响应时间,在最佳时机做出最优的装备维修保障策略。

**四、随需自组织装备维修保障作业模式的运行支撑**

有效实现随需自组织装备维修保障作业模式,必须根据装备维修保障作业活动的实际情况,具备基于网络化和体系化的基础设计,主要包括模块化的维修力量、扁平化的网络系统、动态聚合的随需结构和自组织的活动准则。模块化的维修力量、扁平化的网络系统是随需自组织装备维修保障作业编组的硬件,动态聚合的随需结构、自组织的活动准则是装备维修保障作业编组的软件[51]，如图3-12所示。

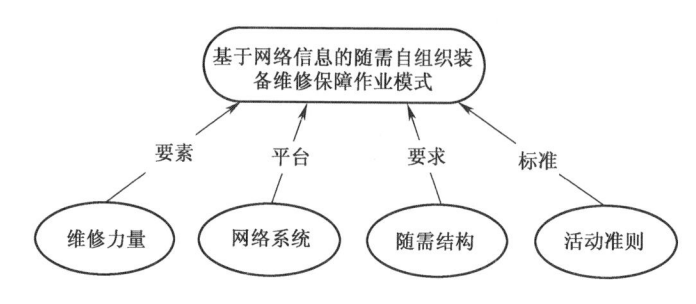

图3-12 基于网络信息体系的随需自组织装备维修保障作业模式基础

（1）模块化的维修力量。模块是具有独立结构和特定功能的标准化的单元，具有相对独立性、功能性、组合性和通用性等特点[34]，见表3-3所列。模块化是把系统尽可能分解为若干模块并用其组合成具有特定功能系统的过程。因此，装备维修保障力量的模块化就是把装备维修保障力量根据特定规则重新组合，划分成若干具有特定功能的单元模块的过程，其实质是为了实现装备维修保障转型，优化结构编成，发挥结构力量，达到"1+1>2"的目标。

表3-3 单元模块的特点

| 序号 | 特征 | 描述 |
| --- | --- | --- |
| 1 | 独立性 | 模块是一个相对独立的完整单元，可以独立地进行设计、改进和评估 |
| 2 | 功能性 | 模块在系统中具有特定的功能，有一定的输入、输出的功能接口 |
| 3 | 组合性 | 根据系统和总功能要求，利用不同的模块按照一定的规则组成具有不同功能的系统 |
| 4 | 通用性 | 每个模块不仅能在某一个系统中使用，也能在其他同类的系统中使用 |

装备维修保障力量实施编组，就是为了更好地满足装备维修保障的需求而进行的临时性组合。结合前面对模块化及装备维修保障力量编组模块化的分析，装备维修保障力量编组模块化可理解为根据作战对装备维修保障的要求，将装备维修保障力量按照一定的规则划分成若干具有独立功能的装备维修保障模块的过程，最终目的是最大限度地满足装备维修保障需求。因此，装备维修保障力量编组模块化是针对作战单位所属的各级装备维修保障力量的特点和功

能,将其编组为若干功能模块的过程。在模块化的基础上,各装备维修保障力量模块以提高装备维修保障的整体效益为最高目标进行灵活组配。这样既充分发挥自身的效能,又注重聚合形成的整体合力。

(2) 扁平化的网络系统。发达的信息网络是战场一体化的前提,对装备维修保障计划的拟制与实施,对装备维修保障行动的指挥与协同,都离不开网络系统。只有充分利用网络信息系统,才能及时获取和处理各项战场信息,才能使装备维修保障力量各个单元模块协调配合,合理组织与运用。

没有网络信息作为支撑,各装备保障维修力量模块间无法及时沟通,无法实时配合,更无法进行自主组织协同。因此,在扁平化的网络信息体系的支撑下,装备维修保障能聚合多种维修力量模块,有效形成整体合力,在平时和战时都能协调一致地开展各项作业活动,能将多维空间、多元力量、多个行动构成相互依赖、相互关联、相互增益的装备维修保障力量作业编组体系,以整体效能完成装备维修保障任务。

(3) 动态聚合的随需式结构。新形势下,装备维修保障的响应周期大为缩短,装备维修保障力量的快速流动和组织结构的灵活反应,已成为完成装备维修保障任务的关键因素。基于效能的装备维修保障力量模块化编组,应用瞬息万变的战场环境,其结构随时调整、能量灵活聚合。动态聚合将是装备维修保障力量作业编组模块化运用的特征。由于各个模块之间有统一的接口,由网络信息系统作为支撑,因此各个装备维修保障力量模块能够在有限指挥下,依据战场环境的变化及时自行调整组合方式,形成特定功能结构,缩短响应时间,提升应变能力,使传统的"目的—决策—行动"的任务完成过程向自组织自适应转变。

(4) 自组织活动的规范[51]。装备维修保障自组织活动的规范是指装备维修保障单元根据需求变化计划方案、决策部署以及开展活动所遵守的行为准则。基于网络信息系统的陆军装备维修保障作业活动是建立在共同遵守的装备维修保障作业准则和下级装备维修保障机构拥有一定自主权的基础上,修理机构各个模块及时有针对性地开展作业活动。随需自组织装备维修保障作业活动并不是完全的"自作主张""放任不管",而是在一定规则和跟踪问效的基础上,装备指挥员实时掌控装备维修保障作业单元的活动情况,在合适的时机还需要对装备维修保障作业单元的活动进行有限指导。

## 第四节 推进随需自组织装备维修保障作业模式的关键问题

装备维修保障作业模式的具体活动内容,可以重点从作业任务统筹规划、维修力量作业编组、维修作业流程优化三个关键的层面进行分析,通过上述活动的支撑研究随需自组织装备维修保障作业模式的一般内涵,如图3-13所示。

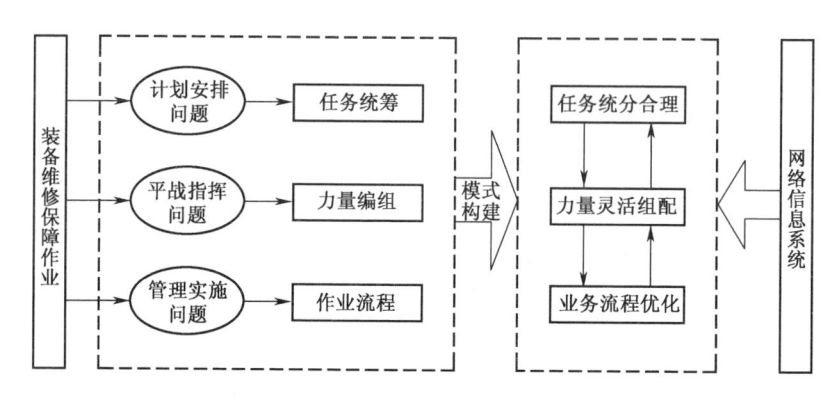

图3-13 随需自组织装备维修保障作业模式的关键问题

在随需自组织装备维修保障任务管理上,建立基于保障对象的层级衔接顺畅、任务分工明确、统分简捷高效的精细化管理机制。依托信息系统,由分队包车、整装管理的粗放式装备维修保障作业向专业分类、模块管理装备维修保障作业延伸;实时了解各类装备维修保障信息,实现装备维修保障"动用科学管控、状态全程监控、系统部件项管、业务信息统管"。

在随需自组织装备维修保障力量运用上,建立基于模块化装备维修保障单元的平时、战时维修保障力量运用机制。基本装备维修保障单元是耗损故障和随机故障两类保障对象,按照能够独立完成指定维修保障任务要求,将技术专业工种人员、机具设备和技术保障装备等资源有机组合成最小维修保障力量模块。平时"按类组合、单元共用"展开装备维修保障作业,战时按照"模块编成、随需抽组"的方式组织装备维修保障行动。

在随需自组织装备维修保障组织流程上,按照"以简化求强化"的装备维修保障思路,建立基于"检测先行、换件修理、随需供应"的装备维修保障作业流程。在统筹装备维修保障作业流程的基础上,重新划定各类装备维修保障等级和时间,降低修理难度、简化维修流程、缩短维修时间、提高保障效率。

## 本 章 小 结

本章对陆军部队级装备维修保障作业模式进行了总体设计。首先系统分析了装备维修保障作业模式的要素,然后在此基础上确立了构建装备维修保障作业模式的原则,最后设计了基于网络信息体系的随需自组织装备维修保障作业模式为陆军部队级装备维修保障作业模式的具体形式。

# 第四章　随需自组织装备维修保障作业模式的机制特征

随需自组织装备维修保障作业作为装备维修保障的新模式,改变了传统装备维修保障活动的运行方式,可以使装备维修保障整体效能显著提升。本章从明确自组织、自适应装备维修保障构成要素出发,概括其主要特征,设计战时装备维修保障实施过程,揭示自组织、自适应装备维修保障整体效能提高的机制,同时为平时装备维修保障作业提供借鉴。

## 第一节　自组织、自适应装备维修保障构成要素

陆军通用装备自组织、自适应维修保障构成要素是指陆军通用装备自组织、自适应维修保障活动不可缺少、具有特定功能、相对独立的基本因素。各因素互相联系、互相影响、互相作用、缺一不可,统一于陆军通用装备自组织、自适应维修保障活动之中,推动装备维修保障活动的开展,最终完成装备维修保障的目的。陆军通用装备自组织、自适应维修保障的构成要素,可以从不同的角度和层次进行研究。本节以基础性、功能性、单一性为标准,将其归纳为主体要素、对象要素、装备要素、信息要素并分别进行研究。

### 一、自组织、自适应装备维修保障主体

自组织、自适应装备维修保障主体,主要是指直接实施自组织、自适应装备维修保障的人员,是装备维修保障任务的承担者、保障行动的实施者、保障目的的实现者。在实际装备维修保障活动中,自组织、自适应装备维修保障主体的基本表现形式是装备维修保障单元

(简称:保障单元),是装备维修保障机构编成的最小单位,是具有独立完成装备维修任务的保障力量与资源的功能模块。保障单元是自组织、自适应装备维修保障最关键、最活跃的构成要素,对装备维修保障效能发挥起着决定性作用,主要包含两类人员:专业保障人员和保障机构的指挥员。

自组织、自适应装备维修保障主体,之所以包含装备保障机构指挥员,而没有包含装备指挥机构的指挥人员,是因为装备保障机构的指挥员,既是装备维修保障的指挥者又是实施者,是将装备维修保障决策与装备维修保障行动双重职能集于一身的人员。他们主要履行收集和掌握装备维修保障情况信息、自主进行装备维修保障决策、自组织实施装备维修保障作业等职责。装备指挥机构的指挥人员,只负责保障筹划和指挥,不参加装备维修保障作业实施。这就是自组织、自适应装备维修保障与传统装备维修保障主体的主要区别。

自组织、自适应装备维修保障主体,按照不同的方法可以分为多种类型。按照隶属关系可分为部队建制内装备维修保障人员、配属的装备维修保障人员、支援的装备维修保障人员、地方支前的装备维修保障人员、友邻的装备维修保障人员等。按照装备维修保障专业可分为轮式车辆底盘维修保障人员、履带式车辆底盘维修保障人员、火力系统维修保障人员、火控系统维修保障人员、电子系统维修保障人员、光学系统维修保障人员、通信系统维修保障人员、安全保密系统维修保障人员、指挥信息系统维修保障人员等。按照装备维修保障人员称谓可分为专业士兵、专业士官、专业技术军官和指挥管理军官等。随着武器装备信息化的发展,高新技术在武器装备上的应用,装备科技含量、系统集成度的不断提升,武器装备系统的结构和破坏机理将日趋复杂,装备维修保障主体还会进一步融合与分化。

自组织、自适应装备维修保障主体的多元性、专业性和复合性,要求其必须具备较高的素质。一是知识素质。要以信息化装备维修保障专业知识为核心,信息知识为基础支撑,其他知识为补充,动态开放的知识体系作为实施装备维修保障的知识基础,牢固掌握信息化装备知识、装备维修保障专业知识、信息技术应用知识,全面了解信息化作战知识、指挥管理知识等。二是能力素质。要有全面的装备维修保障能力素质,能够及时获取装备维修保障信息,正确分析判断装备维修保障情况,自主决策装备维修保障行动,自组织实施装备维修保障作业,高效地完成装备维修保障任务。三是技能素质。要有娴熟的装备维修保障技能,能够精准判断损伤装备位置、原因、程度,熟练运用各种维修工具设备,特别是先进的检测和维修手段,科学快速恢复装备战术技术性能及其使用功能。四是协作素质。要有很强的协作意识,能够站在全局的高度观察思考问题,善于沟通合作,密切协调配合,与其他保障主体共同完成装备维修保障任务。

## 二、自组织、自适应装备维修保障对象

自组织、自适应装备维修保障对象是指装备维修保障主体直接作用的作战装备,即信息化或信息化改造的通用装备。它是自适应装备维修保障的基本构成要素之一,与装备维修保障主体共同构成装备维修保障活动。没有装备维修保障对象,装备维修保障主体就没有存在的价值和意义,也就不存在自组织、自适应装备维修保障活动。

自组织、自适应装备维修保障对象,按装备体系结构层级可分为功能层级、种类层级、品种层级的武器装备。功能层级主要包括指挥信息系统、主战装备系统和保障装备系统等武器装备。种类层级主要包括指挥控制系统、侦察情报系统、通信网络系统、电子对抗系统、安全保密系统、预警探测系统、火力打击系统、地面突击系统、防空反导系统、空中突击系统、工程保障系统、防化保障系统、车辆船艇系统、综合保障系统等武器装备。品种层级主要包括单兵武器、压制武器、装甲武器、防空武器、空中突击武器、反坦克武器、工程装备、防化装备、通用车辆、陆军船艇、侦察情报装备、指挥控制装备、通信装备、电子对抗装备、机要装备、测绘气象装备等武器装备。各层级武器装备集成的装备体系,是一个开放的有机整体。在这个有机整体中,不同武器装备之间结构的特殊性在减弱,融合性在增强,深刻认识这一趋势,有利于把握装备维修保障对象的特点。

自组织、自适应装备维修保障对象的结构,纵向结构是按系统、分系统、子系统、单体装备集成的,横向结构是"通用平台+专用模块"的形式。通用平台包括通用机动、通用承载、通用防护、通用信息等,

实现了技术体制和规范的统一;专用模块是指装备功能模块,主要包括火力打击、野战防空、机动突击、战斗支援、综合保障等满足不同任务需求的模块。通过在通用平台上加载专用功能模块,可形成不同功能的武器装备,为实时感知、高效协同、精确行动提供物质基础。

自适应装备维修保障对象具有以下四个特点。

(1) 作战平台"通用"。无论是轮式还是履带式陆军通用装备,在"机动、承载、防护、信息"四个方面都采用了统一的平台,推进系统实现了"通用化",综合防护系统实现了"分级化",信息系统实现了"标准化"。主战装备、装备维修保障、指挥信息系统装备之间的越野机动、环境防护、软硬件接口等性能达到了相匹配,成为武器装备全要素、全系统整体联动的物质基础。

(2) 信息系统"互联"。战术互联网、数据链、卫星通信系统、综合移动通信系统等联合战术通信系统装备,将战场感知、指挥控制、火力打击、机动突出、电子对抗、全维防护、综合保障等作战要素使用的信息系统,实现了无缝连接、网络互联,建立了信息传输与分发公共平台,任何层次的装备系统和信息系统借助网络信息系统都能够方便快捷地进行实时信息交互。

(3) 装备技术"复杂"。信息化或信息化改造的武器装备是多种信息化设备组合或嵌入、多系统集成。如主战坦克集成传感器、火控计算机、光电对抗系统、定位导航、车际信息系统、高性能弹药等大量电子信息设备,具有很强的探测、识别、定位、机动、打击、防护、信息等综合能力。再如精确制导炮弹集成了战场电视、数字处理器、红外照相机等电子元器件,使武器装备技术变得异常复杂。

(4) 体系功能"完善"。信息化武器装备发展,打破了传统的单平台、单型号的模式,按照成体系建设、模块化集成的新模式,采用"平台信息化+负载模块化+信息系统网络化"的途径,实现了不同武器装备系统的功能互补,装备体系作战功能大幅度提升,各类武器装备系统之间的关联性非常紧密、不可或缺。

### 三、自组织、自适应维修保障装备

自组织、自适应维修保障装备是指实施装备维修所使用的保障车辆、船艇、设备、工具、器材、材料等的总称。它是自组织、自适应装备维修保障的基本要素之一,是连接装备维修保障主体与保障对象之间的媒介,也是实施装备维修保障的物质基础。保障装备的先进程度,对于完成装备维修保障任务具有重要作用。

自组织、自适应维修保障装备主要包括履带装甲抢修车、轮式装甲抢修车、轮式车辆抢修车、电子检测维修车、光电检测维修车、机电检测维修车、油液监测车、机械维修车、拆装修理车,以及电子检测维修车基本型派生的雷达型和电抗型检测维修车、光电检测维修车基本型派生的光抗型检测维修车等。

自组织、自适应维修保障装备与传统维修保障装备相比,具有以下三个特点。

(1) 承载平台统一。维修保障装备的承载平台是为装备维修保障主体提供机动和维修保障设备装载环境的平台。该平台既与主战装备机动性能相匹配,又能满足维修保障设备装载要求,实现了主战装备与维修保障装备同步机动,野战化水平高。

(2) 通用基础平台规范。装备维修保障通用基础平台包括通用检测平台、光电检测平台、信息平台等。各平台在技术检查、故障诊断、维修引导、信息检测、信息管理等软硬件环境上实现了标准化。这些平台用于对各类装备电子和电气设备进行技术检查、故障隔离和检测诊断的通用检测,统一规范了车载式检测、便携式检测以及系统软件等平台;用于对可见光、微光、激光、红外装备整机和部分器件进行性能测试、故障隔离和检测诊断的光电检测,统一规范了可见光检测模块、微光检测模块、激光检测模块、红外检测模块、数据处理系统及通用和专业工具等平台;用于对装备维修保障业务、装备维修保障资源、装备维修保障对象技术状态,以及通信、定位导航等进行信息管理和处理,统一规范了硬件和软件平台。装备维修保障作业车可根据装备维修保障任务需求,各平台可自行调整部署、组配,有效地提升了通用化水平。

(3) 装备维修保障功能模块实用。装备维修保障功能模块是维修保障装备的重要组成部分,根据作战任务、装备维修保障对象、装备维修保障能力需求,建立若干具有不同功能的装备维修保障模块,主要包括机动突击装备专用维修保障功能模块、工程装备专用维修保障功能模块、防化装备专用维修保障功能模块、通指装备专用维修保障功能模块、侦察装备专用维修保障功能模块、机要装备专用维修保障功能模块、测绘装备专用维修保障功能模块,以及具有特定功能的专用检测设备、检测适配器、专用修理和保养设备、工具等保障功能模块。这些装备维修保障功能模块有较高的智能化水平,针对性地选用不同功能模块进行组配,可实现维修保障装备多功能化。

**四、自组织、自适应装备维修保障信息**

自组织、自适应装备维修保障信息是指装备维修保障运行所涉及的各类信息的总称。它是自组织、自适应装备维修保障的基本要素之一。离开自组织、自适应装备维修保障信息,自组织、自适应装备维修保障既不能启动,也无法运行。在信息化作战中,装备维修保障信息已经主导装备维修保障,其作用日趋重要。因此,实时、准确、全面地掌握和运用装备维修保障信息,是确保自组织、自适应装备维修保障高效运行的关键因素。

按照不同的标准,自组织、自适应装备维修保障信息可以分为多种类型。按信息使用范围分类,可分为内部信息和外部信息;按信息功能分类,可分为情况信息、指令信息和调控信息;按信息应用过程分类,可分为维修保障需求信息、维修保障决策信息、维修保障调控信息等。装备维修保障信息的价值在于应用,根据装备维修保障信息应用过程划分类型,更能体现装备维修保障信息的作用。

因此,应重点把握以下装备维修保障信息的三种类型。

(1)装备维修保障需求信息。装备维修保障需求信息是指反映装备维修保障对象需要什么维修保障、需要何时维修保障、需要在什么条件下实施维修保障的信息,主要包括战损装备名称、地点、损坏部位、损坏程度、损坏时间、当前状态、所处环境等。它是自组织、自适应装备维修保障活动的前提,牵引装备维修保障活动的开展实施。只有准确掌握装备维修保障需求信息,才能保证装备维修保障决策正确、目标明确、重点突出、行动有序。

(2)装备维修保障决策信息。装备维修保障决策信息是指反映装备维修保障主体进行自主选择维修保障谁、维修保障什么、怎么维修保障、维修保障到什么程度方面的信息,主要包括维修保障目标、维修保障任务、维修保障力量编组、维修保障行动方法、维修保障协同等。这些信息是自组织、自适应装备维修保障主体,依据总体作战意图、维修保障需求、维修保障能力、敌情、地形天候、战场环境等方面情况,经过分析、判断、评估、比较作出决定后产生的信息,是装备维修保障实施的基本依据,具有鲜明的自主性和指导性。

（3）装备维修保障协调信息。装备维修保障协调信息是指反映装备维修保障人员之间为协调一致地完成装备维修保障任务而相互通报情况,协调有关装备维修保障事宜所产生的信息,主要包括内部协调信息和外部协调信息。内部协调信息是指装备维修保障机构内部维修保障人员,如装备维修保障分队、装备维修保障群、装备维修保障队、装备维修保障组、装备维修保障单元内部维修保障人员,为协调有关装备维修保障事宜而产生和相互传递的信息。外部协调信息是指装备维修保障机构以外维修保障人员,如与友邻装备维修保障机构、地方装备维修保障机构维修保障人员之间,为协调有关装备维修保障事宜而产生和相互传递的信息。它是自组织、自适应装备维修保障信息活动最经常、最大量、最频繁使用交互的信息。

# 第二节　自组织、自适应装备维修保障主要特征

面对复杂性与不确定性,人们参与装备维修保障系统活动,其特点决定了总是期望该系统朝有序高效方向发展。在该系统局部各自为追求效能的最大化,通过非线性相互作用,不断作出调整和适应,从整体看该系统表现出复杂适应特征。

## 一、自组织、自适应装备维修保障信息主动感知、实时共享

自组织、自适应装备维修保障信息活动与传统装备维修保障信息活动相比较,自组织、自适应装备维修保障信息活动突出特征是主动感知与实时共享,这也是自组织、自适应装备维修保障实现的前提条件。其主要体现在以下三个方面。

（1）武器装备发展为装备维修保障信息的产生提供了可能。信息化时代，参与作战的武器装备结构复杂、技术密集、信息化程度高，通过自身内置或加装的传感器设备能够准确、及时产生装备维修保障所需的信息，包括空间位置的信息、自身状态的信息以及携行装备物资的信息。

（2）信息技术发展为装备维修保障信息传输提供了条件。多种通信手段的运用，能够把装备维修保障信息转换成二进制编码的数字化信息进行传输。与传统模拟信息传输手段相比，数字信息技术信息传输的准确率高、信息容量大、传输距离远、抗干扰能力强，使信息传输的速度有了显著的提升，达到了实时传输，从而为信息的实时交互提供了条件。

（3）一体化信息系统网络为装备维修保障实时共享提供了支撑。传统装备维修保障信息活动的运行方式是通过模拟通信系统自下而上、自上而下成"链条"式运动，如装备战损信息是首先由作战分队报告作战指挥员或指挥机构，然后由作战指挥机构传递装备指挥机构，最后由装备指挥机构通报装备维修保障分队。在纵向"链条"式运行过程中，信息是逐个环节进行传递的，如果其中某一个环节出现了"中断"，则信息传递即行终止，其他环节将无法得到该信息。这种信息运行方式，决定了没有隶属关系的横向单位之间不可能实现信息共享。自组织、自适应装备维修保障的信息活动通过一体化信息系统网络，这个网络能将上级与下级、本级与友邻、战斗装备与装备维修保障单元、装备维修保障单元与武器装备平台、维修保障装备与装备维修保障单元等连为一体，形成各作战要素之间互联的信息通道。此网络内各种用户，按照信息需求和权限，共享信息，如装备战损信息在作战分队向上级报告该信息时，网络内的装备维修保障机构可同时获得这一信息，不用再通过装备指挥机构进行传输。这种网络化的信息运行方式，确保了装备维修保障信息的实时共享。

## 二、自组织、自适应装备维修保障决策人机一体、自主优化

自组织、自适应维修保障决策与传统装备维修保障决策相比较，自组织、自适应装备维修保障决策突出特征是人机一体，自主优化。

其主要体现在以下四个方面。

(1) 自组织、自适应装备维修保障决策的形式是"人—机"互动。传统装备维修保障决策是由指挥员及其装备指挥机构人员在指挥所里面对面进行的,通过获取装备维修保障及其相关信息,分析判断装备维修保障情况,评估推演装备维修保障方案,定下装备维修保障决心。这种人员集中、面对面咨询研讨、人工计算、推演评估决策的形式,主要表现为"人—人"互动。自组织、自适应装备维修保障决策,不仅是装备维修保障主体进行的决策,还是在计算机辅助决策功能支持下进行的决策,将人的优势与计算机的优势有机结合,确保了决策更加科学正确,其表现形式为"人—机"互动。

(2) 自组织、自适应装备维修保障决策的主体是装备维修保障人员。传统装备维修保障决策主体是指挥员及装备指挥机构人员,决策权集中在上层,装备维修保障人员是在决策主体圈之外的,没有参与决策的权力。自组织、自适应装备维修保障决策主体是装备维修保障的实施者,具体说就是装备维修保障人员。这种谁保障谁决策,将装备维修保障实施与决策集于一体的方式,不仅反映了它与信息化作战情况瞬息万变、时间要素不断升值、装备维修保障任务繁重的特点相适应,而且标志着装备维修保障决策上升到了一个新的水平。因为决策速度的快慢,决定能否抓住装备维修保障的有利时机,对提高装备战场"再生"率以及作战全局都有重大影响。例如,有些关键的武器装备在装备体系中起支撑作用,一旦损坏应立即抢修,如果装备维修保障人员不能自主决策,战损装备得不到及时抢修,就有可能造成武器装备系统或体系瘫痪,给作战全局从整体上带来无法弥补的损失,甚至毁灭性打击。

(3) 自组织、自适应装备维修保障决策的环境是信息系统网络。任何装备维修保障机构既是作战体系不可或缺的重要因素,又是一体化信息系统网络的重要节点。装备维修保障决策就是通过这个信息系统网络进行的。这个信息系统网络可提供决策需要的各种信息,可提供与上级、友邻和本级其他装备维修保障主体进行实时信息交互的通道,可获得其他装备维修保障主体的智力支持,确保装备维修保障决策方案的科学性、专业性和可操作性。同时,它也给装备维修保障主体提出了更高要求。掌握利用信息系统网络环境装备维修保障决策的技能,避免信息系统网络环境对装备维修保障决策带来的负面影响,真正做到扬长避短。

(4)自组织、自适应装备维修保障决策的行为是组织范畴。强调装备维修保障机构自主决策,着眼点是充分发挥装备维修保障人员处于装备维修保障第一线,更准确、更专业、更加了解战场情况的优势,调动装备维修保障人员的积极性和创造性。但装备维修保障人员的装备维修保障的决策仍然是在组织领导下的决策,并不是说指挥员及其装备指挥机构人员不能干预其决策,也并不意味着指挥人员在决策中的地位降低。相反,装备维修保障机构自主决策,对指挥员及其装备指挥机构人员的要求更高了,需要集中决策更重大的装备维修保障事项和把握更重要的装备维修保障问题。

### 三、自组织、自适应装备维修保障机动自主寻路、反应快速

自组织、自适应装备维修保障机动与传统装备维修保障机动相比较,自组织、自适应装备维修保障机动的突出特征是自主寻路,反应快速。其主要体现在三个方面。

(1)自动生成机动路线,成为选择机动路线的基本方式。传统装备维修保障机动基本上是沿道路实施,通常由上级根据作战地区地形道路情况,规定战区道路的功能用途和机动的兵力,如装备维修保障分队前出路线、战损装备后送路线、维修器材补给路线等,这些路线基本是沿道路选定的。在这种模式下,战区内的"道路"是机动路线的轴心,对于避免"物资流"和"技术流"在战场上形成阻塞,保证其安全、快速和有序流动具有重要作用。然而,在非程序化、非线式、兵力兵器频繁机动的信息化战场上,这种以"道路"为轴心确定机动路线的方式,虽然仍有一定的生命力,但越来越不适应急剧变化的战场环境。在自组织、自适应装备维修保障机动中,维修保障装备机动性能显著提升,越野机动能力增强,对"道路"的依赖性大为减小,不再完全依赖"道路"选择机动路线。自组织、自适应装备维修保障机动主要运用计算机网络信息技术的机动软件智能功能,通过自主分析机动地区的地形、道路、桥梁、河流、植被、气象、水文、敌情等因素,

自动生成可供选择的多条机动路线,并且由于智能化程度的提高,可随时调整影响机动的相关数据,快速生成新的机动路线,适应复杂多变的战场环境。

(2)自主随机调控机动行动,成为机动控制的有效手段。传统装备维修保障机动中遇特殊情况,如道路桥梁被损毁无法通过时,需查明情况报告上级,待批准后再沿迂回路线机动,这在战斗节奏慢、战斗可预见情况多的条件下,或许是可行的。但在信息化战场上,道路已经成为敌破坏的重点目标,机动路线的改变越来越频繁,传统的调控手段已难以适应新情况的变化。自组织、自适应装备维修保障机动行动,在调控手段上不再完全依靠人工来实施,根据情况的变化,由计算机自动生成调控方案,装备维修保障人员自主随机实施,使机动行动变得更加便捷、灵活、快速。例如,战损装备 A 在 T 时刻位于 A 地域,装备维修保障单元 B 向其机动过程中,战损装备 A 通过自救转移至相对安全的 C 地域;装备维修保障单元 B 选择最优机动路线,只要输入战损装备 A 新的位置信息,优化的机动路线立刻显示在装备维修保障单元 B 的面前。

(3)精确控制机动行动,成为提升机动效率的主要方法。传统装备维修保障机动行动的控制,由于指挥控制手段限制,一般是粗放的、原则性的,机动效率受到一定影响。自组织、自适应装备维修保障机动行动,通过装备维修保障信息系统进行控制,可实现因时、因地、因行动而异地控制,最大限度地将影响机动的各方面因素,通过综合分析和计算,量化、细化各个影响因子转变为新的机动行动对策,快速作出机动响应,保证机动的高效率。

### 四、自组织、自适应装备维修保障作业精确高效、资源集约

自组织、自适应装备维修保障作业与传统装备维修保障作业相比较,自组织、自适应装备维修保障作业突出特征是精确高效、资源集约。其主要体现在以下三个方面。

(1)自组织、自适应维修保障装备的信息化,为提高装备维修保障作业效率奠定了物质基础。维修保障装备信息化水平高低,直接影响装备维修保障作业的效率。传统装备维修保障作业主要依赖机

械化维修保障装备,维修保障速度慢、作业时间长、工作效率低。自组织、自适应装备维修保障作业,使用的维修保障装备,实现了智能化、多功能化和配套化,为生成实时的信息应用能力、精准的检测能力、快捷的装备维修保障能力提供了可靠的物质保证。

(2) 基于装备结构功能单元关联性确定的作业顺序,为实现装备维修保障机构"零等待"提供了条件。传统装备维修保障作业实施,注重装备战损抢修作业面的组织协调,对于依据装备结构功能单元的关联性规划各装备维修保障机构进入和退出作业点关注较少。在装备维修保障作业实施中,往往出现一部分人员在作业,另一部分人员在等待的现象,造成装备维修保障资源浪费。实施自组织、自适应装备维修保障作业是基于装备结构功能单元的关联性,通过任务分配优化模型生成装备维修保障作业工序。它对各装备维修保障主体何时进入和退出作业点,完成什么样的装备维修保障任务,占用多长时间,以及协调的方法都有具体而明确的规划,并能利用网络信息系统实时共享信息。各装备维修保障主体的装备维修保障作业可按节点行动,实现进入作业"零等待",确保装备维修保障资源的高效利用。

(3) 通装统保,为自组织、自适应装备维修保障资源集约使用提供了指导。传统装备维修保障作业是按照军兵种的"条块"相对独立地进行。例如,陆军的装甲、高炮、导弹、雷达等装备维修都是由陆军装备维修保障力量实施的,通常不跨军兵种进行维修保障,即使在同一作战区域内不同军兵种相同的装备维修保障力量之间,由于其隶属关系不同,装备维修保障资源难以集约使用,如陆军部队与海军陆战队的装甲车辆维修保障力量完全可以集约使用,但因隶属不同军兵种,虽然面对相同的装备维修保障对象和任务,却无法实施,经常出现一边装备维修保障力量不够用,而另一边装备维修保障力量闲置。自组织、自适应装备维修保障活动是以通装统保思想为指导的,打破了传统军兵种通用装备维修保障条块分割的局面,相同作战区域的通用装备维修保障将不区分军兵种,面对装备维修保障对象的需求,所有军兵种的通用装备维修保障资源都应主动协同、密切配合、高效维修,使装备维修保障资源的作用得到充分发挥。

## 第三节　自组织、自适应装备维修保障过程

陆军通用装备自组织、自适应维修保障过程,按照实施阶段分为获取装备维修保障信息、装备维修保障自主分析决策、装备维修保障自主寻路机动、装备维修作业实施等四个基本环节。这些环节是连续运行形成的,循环往复、持续推进。它既依赖于每个环节的科学设计和顺畅实施,又离不开各个环节之间的紧密衔接、协调配合。没有各个环节之间的互相依赖、互相支撑、互相促进,就没有装备维修保障全过程的整体高效率。

**一、获取装备维修保障信息**

获取装备维修保障信息是装备维修保障主体为掌握与装备维修保障有关各方面情况,做出维修保障决策、控制维修保障行动而进行的装备维修保障活动。在陆军通用装备自组织、自适应维修保障活动中,获取装备维修保障信息的根本目的是确保装备维修保障活动精确、高效、有序地实施;基本环节是信息收集、信息加工、信息显示、信息存储;运行方法是通过信息化装备维修保障手段,把获取装备维修保障信息的各个环节有机地结合起来,把信息收集与思维加工、正确认知、信息保存一致起来,摒弃只对客观情况简单地复制、原封不动复制的做法。其活动过程通常分为四个环节。

(1) 信息收集。信息收集是汇集和感知装备维修保障信息的过程。装备维修保障信息的收集,要多渠道同步实施、综合感知。例如,通过观察战场,直接获得装备战损信息;通过网络信息系统共享,间接获得作战分队装备战损报告信息、战斗装备技术状态记录信息;通过接收上级指挥员及其机构发出的命令、指示和通报,获得装备维修保障指令信息和情况信息;通过协同,获得友邻装备维修保障主体发来的协调信息;通过信息订制,获得与装备维修保障相关的战场态势信息、敌情信息、地形天候信息、气象水文信息等。从各方面收集的装备维修保障信息,都要采取科学的方法及时汇总。

(2) 信息加工。信息加工是对装备维修保障信息进行关联分析

的思维过程。收集的装备维修保障信息,不是以独立静态的信息形式存在的,而是以关联性、动态性和不确定性形式存在,并随着时间和条件的变化而不断改变。每一条装备维修保障信息往往只反映一部分实际情况,这就需要将不同途径收集到的装备维修保障信息与其他装备维修保障信息联系起来思考,运用多种知识、能力和技术手段进行整理、鉴别、综合、分类、转换,从而及时、准确、完整地理解和掌握装备维修保障情况。

(3)信息显示。信息显示是对装备维修保障信息进行正确表现的过程。它对装备维修保障信息的思维加工呈显性状态。不同性质的信息反映不同的客观内容,要求采取与之相适应的信息表现手段和显示形式,达到内容与形式的完全统一。选择合理形式显示装备维修保障信息是信息显示的主要任务。影像、声音、图表、文字、数据等信息显示形式,各自有不同的特点、优长和局限性,可充分显示不同内容的装备维修保障信息,只要选择和利用得当,就有利于对装备维修保障信息的感知共享,对装备维修保障情况的了解判断,对装备维修保障规律的把握运用。因此,装备维修保障信息显示要因地制宜,充分发挥显示形式对信息内容的反作用,力求直观、准确、简便、易懂,突出关键和重点,避免生搬硬套、不分主次。

(4)信息存储。信息存储是对装备维修保障信息进行保存的过程。获取的装备维修保障信息要连续记录下来,供装备维修保障主体使用。这种使用,在装备维修保障过程中不是一次性的,是反复的、随时的,是历史的、实时的,要求时间有连续性。因此,及时地对装备维修保障信息进行存储,是获取装备维修保障信息的一个必不可少的步骤。需要特别说明的是信息存储可以按照信息收集、加工、显示的顺序进行,但更多是在每一个步骤实施过程中随机进行,贯穿于信息活动的全过程。

图4-1所示为自组织、自适应装备维修保障获取维修保障信息过程比较典型的情况。

**二、装备维修保障自主分析决策**

装备维修保障自主分析决策是指装备维修保障主体分析装备维

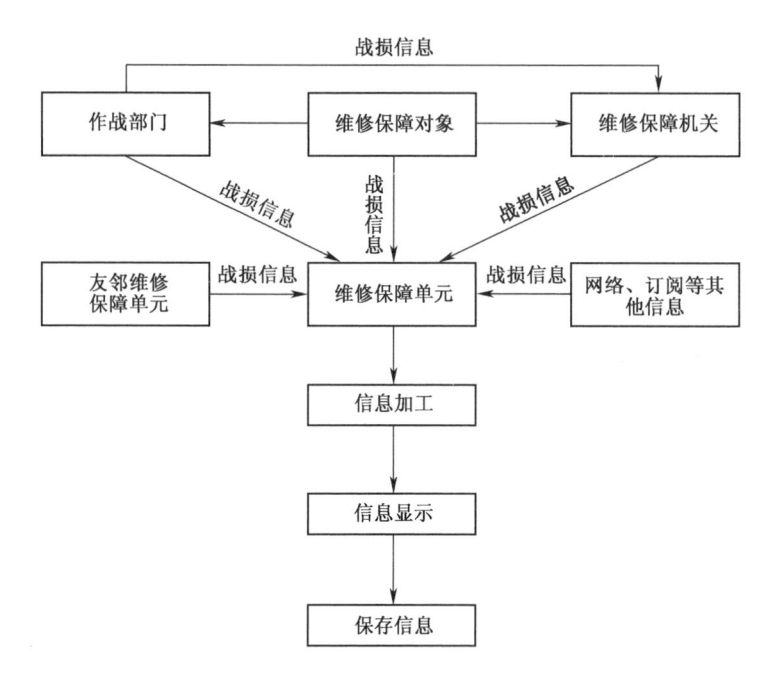

图 4-1　自组织、自适应装备维修保障获取维修保障信息过程

修保障信息、预计装备维修保障任务、优选装备维修保障方案、作出装备维修保障决定的思维活动。在陆军通用装备自组织、自适应维修保障活动中,自主分析决策的主要方法是装备维修保障人员与计算机辅助决策功能的有机结合;行为属性是装备维修保障机构的组织行为;基本要求是目的性、时效性、正确性和实践性相统一。其活动过程通常分为以下四个环节。

(1) 确定装备维修保障对象。明确装备维修保障对象是装备维修保障自主分析决策的首要环节。传统装备维修保障的对象通常由上级指定,在下达装备维修保障任务指令时明确。自组织、自适应装备维修保障的对象不是由上级指定的,而是在众多装备维修保障对象中由装备维修保障主体自身确定。其基本方法是根据作战意图、作战进程、战损装备类型、损坏部位程度、损坏装备位置、维修保障能力、战场环境等具体情况,运用定性与定量分析相结合的方法,比较各个装备维修保障对象对作战的影响程度,按照"两利相权取其重、两害相衡取其轻"的原则排序,选择特定的装备维修保障对象。

（2）预测装备维修保障任务。装备维修保障任务的种类、内容和工作量是装备维修保障主体投入装备维修保障资源的基本依据。准确地对其进行预测，有利于装备维修保障资源的高效利用。自组织、自适应装备维修保障任务的预测，通常根据装备维修保障的目的和标准区分装备维修保障任务种类，分解、细化装备维修保障任务内容，利用装备维修保障任务计算模型评估装备维修保障任务工作量。通过计算机运算得出相应结果，结合对完成装备维修保障任务影响因素的分析，尤其是装备维修保障对象类型、战斗威胁、地形天候、昼间夜间等因素的综合考量，获得与实际相符合的装备维修保障任务数据。

（3）制定装备维修保障方案。有序而高效的装备维修保障，离不开合理而周密的装备维修保障方案。无论是装备维修保障主体独立完成任务，还是协同其他装备维修保障主体共同完成装备维修保障任务，都应力求制定装备维修保障方案。该方案的详略，依据装备维修保障目的和当时具体情况而定，但力求精确、全面、具体，如装备维修保障主体何时进入维修保障作业位置、采用什么样的修理保障方式、完成修理保障所需时限、达到的具体标准、何时退出维修保障作业等。方案的制定，要善于利用网络信息系统功能自动生成，力求多案并举，确保迅速、准确、实在、好用。

（4）作出装备维修保障决定。决定是决策的本质体现，也是决策的最终目的。正确的装备维修保障决定，离不开先进的科学技术手段的支持。装备维修保障决定是装备维修保障主体运用计算机辅助决策功能，通过对各个装备维修保障方案的可行性、实施难度、效益、应变性等方面进行评估、分析，比较其利弊后作出的。装备维修保障决定通常选择一个方案作为基本案，另一个方案作为应变案。装备维修保障方案选定后，应及时将方案报告上级备案。

图4-2所示为典型自组织、自适应装备维修保障自主分析决策过程。

**三、装备维修保障自主寻路机动**

装备维修保障自主寻路机动是装备维修保障主体利用装备维修

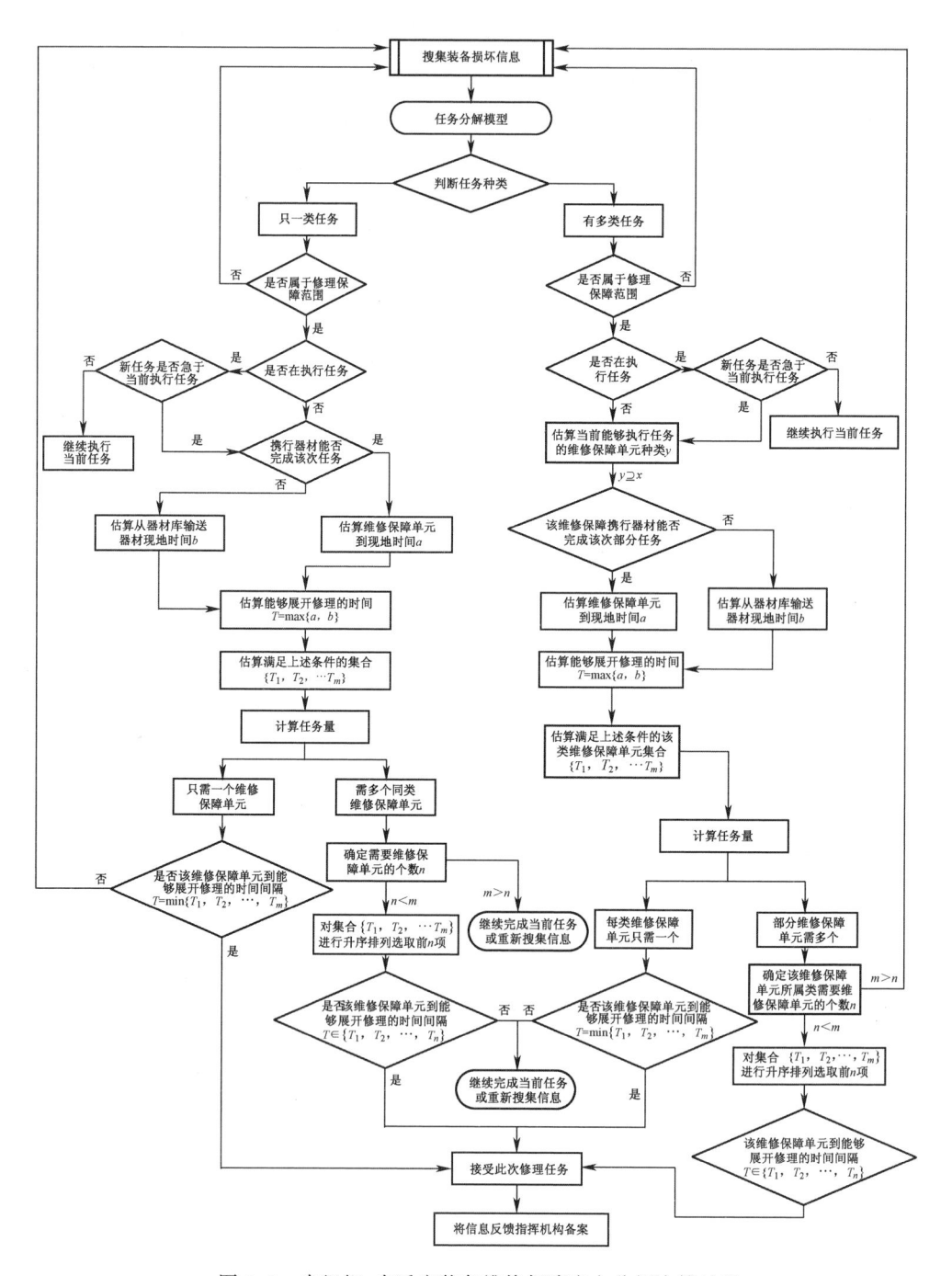

图 4-2 自组织、自适应装备维修保障自主分析决策过程

保障信息系统的导航定位、路径规划、机动评估等功能,综合分析机动影响因素,自动生成和优选装备维修保障机动路线,快速机动至装备维修保障对象所在位置的装备维修保障活动。在陆军通用装备自组织、自适应装备维修保障活动中,自主寻路机动的突出特点是优选机动路线快、临机调整反应快、独立机动能力强;物质基础是与主战装备机动性能相匹配的信息化维修保障装备。其活动过程通常分为以下四个环节。

(1) 定位战损装备等待维修地点。战损装备等待维修的地点是装备维修保障主体实施机动的目的地。它决定机动的方位、距离和时间,影响装备维修保障的整体效率,必须准确进行定位。通常利用装备维修保障信息系统在电子地图上进行标定,包括战损装备名称、坐标位置、当前状态、定位时刻等信息。鉴于战场情况复杂多变,对战损装备等待维修地点定位后,还应不断跟踪装备维修保障对象变化情况,一旦发现位置改变,及时更新位置信息,确保信息的实时可靠。

(2) 判断机动影响因素。在战场环境条件下装备维修保障主体机动受到诸多因素影响,不仅有地形、道路、河流、桥梁、植被、天候、气象、水文等方面的影响,还有敌情、我情、友邻、社情等方面的影响。这些因素的影响程度不同,要通过定性分析,更要注重运用先进的科学技术方法手段,通过指标量化、模型评估、结果预测,得出正确的判断结论,为自动生成机动路线提供支持。

(3) 选择装备维修保障机动路线。利用计算机机动路线优选相关模型,输入相关数据,自动生成装备维修保障机动路线。通过机动过程推演,比较各条装备维修保障机动路线的利弊,分析不同装备维修保障机动路线的机动时间、风险程度、实施难度等,结合对机动影响因素的判断,确定最优装备维修保障机动路线。装备维修保障机动路线的选择,要在两条以上备选装备维修保障路线中进行。

(4) 调控机动行动。装备维修保障主体的机动行动,往往难以完全按预定的装备维修保障机动路线实施,尤其是在非线式机动作战中,战场流动性大、变化快、情况复杂,对装备维修保障机动路线的调整会更加频繁。要及时掌握机动过程中作战意图、敌情、地形、水文、气象等情况变化,果断定下机动行动调控的决心,适时调控机动行动,保证既定机动目标的实现。

图4-3所示为典型自组织、自适应装备维修保障自主寻路机动过程。

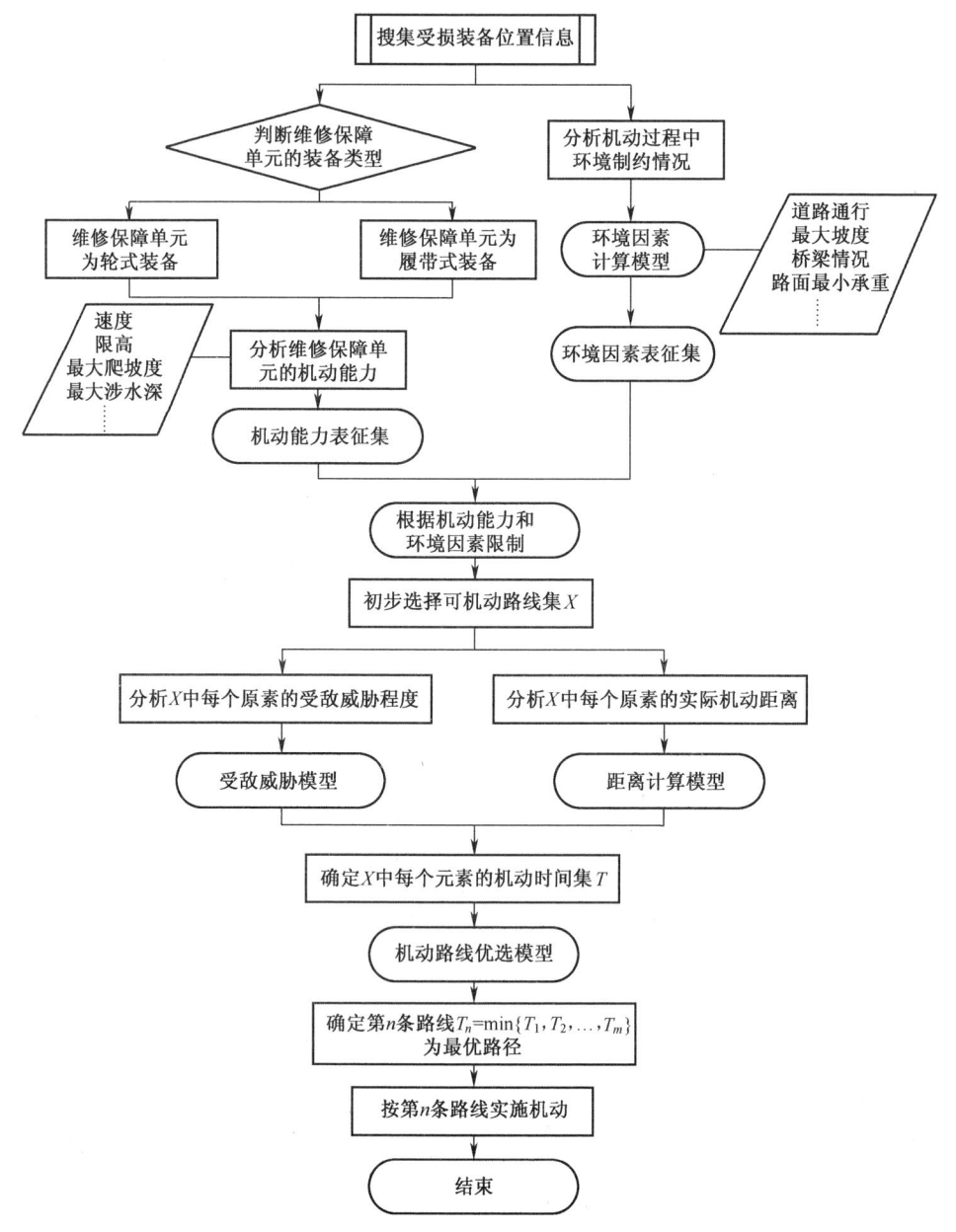

图4-3 自组织、自适应装备维修保障自主寻路机动过程

**四、装备维修保障作业实施**

装备维修保障作业实施是装备维修保障主体为恢复受损装备战术技术性能,运用维修保障装备技术,直接修理装备的保障活动。在陆军通用装备自组织、自适应维修保障活动中,装备维修保障作业实施的基本要求是用最短时间、投入最少资源恢复装备使用功能,保证装备再次投入战斗;技术标准是以能使用为尺度的多样化标准,不同于平时装备维修保障的统一标准;主要方法是现地修理、换件修理为主,其他修理方法为辅。其活动过程通常分为以下六个环节。

(1)接收受损装备。装备维修保障主体机动至受损装备等待维修地点后,应迅速听取受损装备情况介绍,询问受损装备相关情况,观察检验受损装备状态,全面细致地掌握受损装备信息包括装备损坏的部位、时间、状态、程度、对作战使用的影响等,接收受损装备。当与预先掌握的受损装备信息出入较大,尤其是超出了装备维修保障能力时,可以不再接收受损装备,采取其他措施处置。

(2)分析受损情况。利用装备维修保障设备技术,精确检测装备受损部位的可更换单元,判断受损部位的可更换单元类型是硬件还是软件或者硬件与软件组成的系统,是主要的可更换单元还是非主要的可更换单元,是机械类可更换单元还是光电类可更换单元,是单个可更换单元还是多个可更换单元,以及受损部位可更换单元与其他部位可更换单元的关联度及其影响等。从而明确装备维修保障的标准,为采取装备维修保障方法提供依据。

(3)确定装备维修保障方法。装备维修保障方法种类多样,如换件修理、拆拼修理、应急修理、原件修理等,每种方法都有优长和适用的条件、范围。在确定装备维修保障方法时,要从有利于快速恢复装备性能,再次投入本场战斗,高效实施装备维修保障作业着眼,针对装备受损部位可更换单元的类型、作用、性质、程度等具体情况,合理取舍、灵活选用。

(4)优化装备维修保障工序。装备维修保障工序的优化影响维修保障作业的效率。优化的装备维修保障工序,有利于提高装备维修保障作业效率,反之,则会降低维修保障作业效率。武器装备系统各功能单元之间的结构关联形式,决定装备维修保障作业的工序。例如,受损部位可更换单元之间的结构是串行关联,其装备维修保障作业工序必须区分先后;若是并行关联,其装备维修保障作业工序可同时展开;若是混合关联,其装备维修保障作业工序可交叉实施等。因此,在优化装备维修保障作业工序时,必须科学分析装备各功能单元之间的结构关联形式,运用不同的关联形式建立工序优化模型,确定具体装备维修保障任务的维修保障作业流程。

(5)开展装备维修保障作业。装备维修保障作业展开要快速,操作要熟练,处置要得当,行动要有序。在开展装备维修保障作业过程中,往往会遇到各种情况,如当遇到战场出现重大情况变化不能按时开展装备维修保障作业时,应及时协调装备维修保障作业进度;当遇到装备维修保障力量出现战斗减员时,应及时采取措施弥补;当遇到装备维修保障器材消耗超出预先计划时,应及时协调请领补充;当遇到无法修理的装备时,应及时组织协调后送或作其他处置等。无论什么情况都必须克服困难,确保装备维修保障作业任务的完成。

(6)交付使用部队。受损装备修复后,及时进行认真检查和测试,必要时可进行试用。同时将修理情况进行认真登记,主要的登记内容:受损装备单位,装备名称、号码、种类、受损部位,处理(修理)方法,器材消耗,修后检查结论,修复时间等。应急修理的受损装备应做出标记,以便事后修理。验收通过后,交付使用,装备维修保障主体转入新的装备维修保障任务。

图4-4所示为典型自组织、自适应装备维修保障维修作业实施过程。

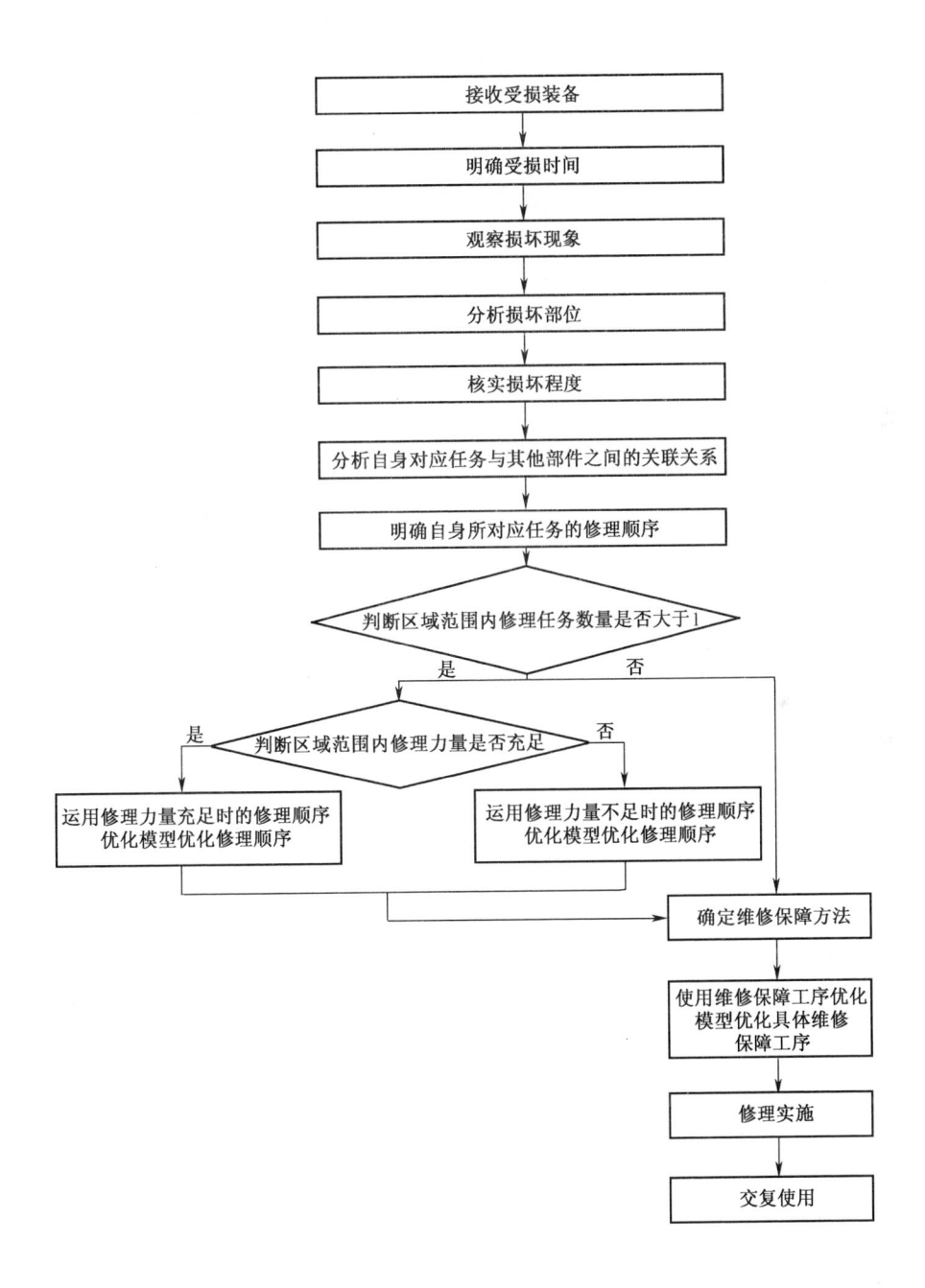

图 4-4 自组织、自适应装备维修保障维修作业实施过程

# 本 章 小 结

本章阐述了自组织、自适应装备维修保障构成要素,提炼了自组织、自适应装备维修保障主要特征,设计了由获取装备维修保障信息、装备维修保障自主分析决策、装备维修保障自主寻路机动、装备维修保障作业实施等四个基本环节构成的自组织、自适应装备维修保障过程,系统构建了自组织、自适应装备维修保障模式的基本理论。

# 第五章　陆军部队级装备维修保障作业任务统筹

部队级装备维修保障作业任务统筹是装备维修保障作业模式的具体体现,也是装备维修保障活动的出发点。随着部队体制、编制的改革,装备维修保障任务作业统筹方式相应发生了变化,对装备维修保障作业的影响越来越大。本章从任务层面对装备维修保障作业模式进行研究分析,重点从平时装备维修作业任务统筹的思路和方法进行研究分析,并对同级分队装备维修作业任务进行区分,为有效实施装备维修保障打下基础。

## 第一节　装备维修保障作业任务统筹现状

通常陆军部队级装备维修保障机构,按照陆军装备部门统一明确的各型号装备维修保障任务分工,组织开展装备维修保障工作。集团军勤务支援旅、师属修理营,采取整装换件修理方式,主要承担装备中修、本级装备检修和战时支援修理等任务。合成旅(团)、兵种旅(团)属勤务保障营修理连,采取换件修理方式,主要承担装备小修、检修,以及战时随队抢救、抢修等任务,见表5-1所列。

表5-1　部队级维修作业体系

| 作业体系 || 主要单位 | 平时任务 | 战时任务 |
| --- | --- | --- | --- | --- |
| 部队级 | 中继级 | 勤务支援旅修理营 | 装备中修和部队巡回维修保障 | 装备抢修、支援保障 |
| ^ | ^ | (师)修理营 | ^ | ^ |
| ^ | 基层级 | 勤务保障营修理连 | 装备维护、技术检查、小修、保管、封存、技术管理 | 装备抢救抢修、伴随保障 |
| ^ | ^ | (团)修理所 | ^ | ^ |
| ^ | ^ | 合成营维修排 | ^ | ^ |

在陆军部队的实际工作中,传统的装备维修作业任务统筹是分专业下达、按建制组织的运行模式。陆军部队级装备维修保障任务主要是作战分队提出装备维修保障需求,机关制定等级维修保障计划,按照兵种专业分别向修理分队下达装备维修保障任务。该任务分为军械、装甲、车辆、工程防化等通用装备维修保障,机要、测绘等作战保障装备以及军需、油料等后勤装备维修保障。以某机步师装甲装备中修任务为例,师装备部装甲处根据作战分队装甲装备使用情况,制订中修计划,经上级批复后下达给师修理营装甲修理连,装甲修理连根据任务开展装备维修保障作业,修理营技术室等参与维修保障作业。装备维修保障任务分配情况如图5-1所示。

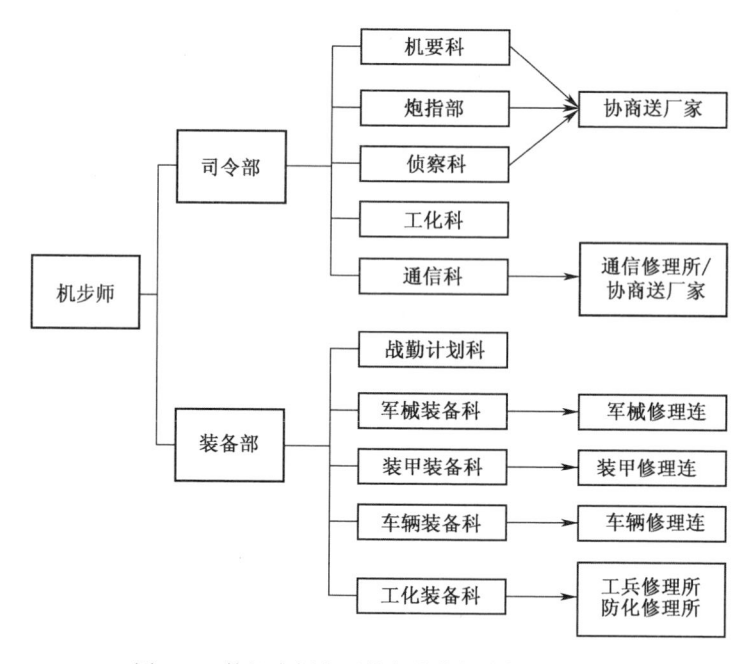

图5-1 某机步师主要装备维修保障任务分配图

经过多年的建设发展,传统的基于兵种专业的装备维修保障要素基本齐全、资源相对配套,基本满足了部队完成任务的需要。但是,随着新时期部队体制、编制变革,在部队结构发生变化、装备类型不断增多、装备维修保障指标不断多样、平战结合不断加深的情况下,按照传统的模式运行,装备维修保障效益势必明显下降。

导制传统模式装备维修保障效益明显下降的因素,具体如下:

(1) 任务区分不够合理。从纵向讲,装备维修保障任务层级存在"上下同粗、任务重叠、资源分散"等问题,如军队改革前集团军级、师(旅)级都设有履带装备维修保障机构,配备的装备维修保障设施设备基本相同,同时承担中继级装备维修保障任务,降低了装备维修保障建设效益,制约了装备维修保障能力提升,难以满足网络信息体系条件下非线性、高消耗、快节奏作战对装备维修保障的要求。

(2) 装备维修保障计划不够协调。传统的部队级装备维修保障任务由装备机关各业务部门拟制和下达计划并分头进行,修理分队按建制分专业,分场地进行装备维修保障作业。这种各专业不兼容、装备维修保障计划不统一的情况造成了机关重复下达任务,修理分队层层部署工作,作业进度松紧不当,装备维修保障人员忙闲不均,装备维修保障资源利用率低等现象,影响和制约了部队整体维修保障效益。

(3) 各专业工种分散建设。从装备维修保障人员角度讲,传统模式按兵种和装备型号划分专业工种,一类武器装备就要编配一定数量的专业维修保障人员和辅助的维修保障机构。现代高技术装备集合机械、光、电、液压、计算机等专业技术,以一个或几个技能相同的装备维修保障人员进行维修保障,难以完成。从装备维修保障设施设备角度讲,传统模式各专业自成体系、自我建设,基于装备专业型号的资源配置存在着重复建设、功能近似、不易兼容、集约程度不高等问题,如装甲底盘修理的设施设备,军械、装甲、工程专业都在建设,在一定程度上造成了资源重复配置。

(4) 装备维修保障作业难以管控。装备维修保障作业实施过程中,修理分队主管领导或技术室主任根据工作需要组织召开调度会,合理调配工作进度,协调各班组、工种之间的业务关系,组织督促有关装备维修保障工作的落实,检查装备维修保障工作的准备、执行、完成情况。各专业作业进度和各建制分队过程管控标准不一致,会造成了任务调度不够统一,装备维修保障要素衔接不够合理,装备维修保障力量整合不够紧密,装备维修保障技术人员作用发挥不够明显。

（5）信息共享程度不高。陆军部队级装备维修保障技术资料信息标准不够统一，尚未建立融合互动的数据库，集各专业装备使用、维修、器材储供于一体的装备维修保障信息系统建设成效不够明显。现有的装备维修保障数据网络信息体系化程度不高，感知、传递、处理装备维修保障信息的能力不够强，装备智能化检测、一体化维修保障、网络信息化储供水平还比较落后，制约了陆军部队级装备维修保障力的形成和提高。

## 第二节　装备维修保障作业任务统筹思路

任务统筹是一个复杂的动态过程，具体到部队级装备维修保障任务，是指在科学规划的基础上，对各个机构职能进行明确、对各项任务进行协调分配、对各种维修保障资源进行调整优化，使各类维修保障要素定位适当、相互协调、功能释放，最终建立起纵向贯通、横向联通的任务统筹机制，实现装备维修保障由规模型向质量效益型转变[47]。

当前我军装备维修保障作业任务统筹，与新军事变革的要求还不相适应，与高效装备维修保障、综合装备维修保障的要求还不相适应，必须加快由基于"按专业分散组织"的执行任务模式向基于"随需自组织"的模式的转型。通过任务统筹，提升部队级装备维修保障能力，提高装备维修保障资源的利用率和综合效益，如图5-2所示。

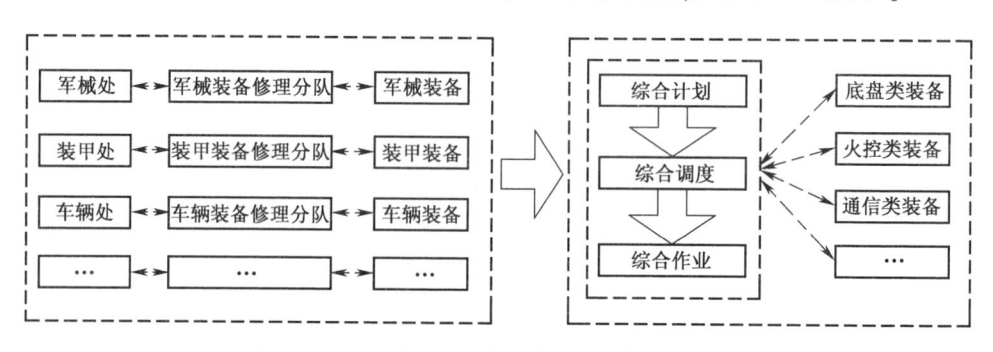

图5-2　装备维修保障作业任务统筹转型示意图

部队级装备维修保障任务统筹的基本思路是以装备维修保障效

益提升和装备维修保障能力提高为需求牵引,以装备维修保障力量灵活编组和装备维修保障流程优化为辅助支撑,以"机关计划、技术室调度、分队作业"为重点,按照平战结合、力量统用的要求,利用网络信息体系化手段对装备维修保障任务进行统筹调整,形成计划随任务所需、作业随计划调度、资源随进度调配的运行方式,从而能够使装备维修保障需求实现装备维修保障力量自组织、自适应的目的,如图5-3所示。

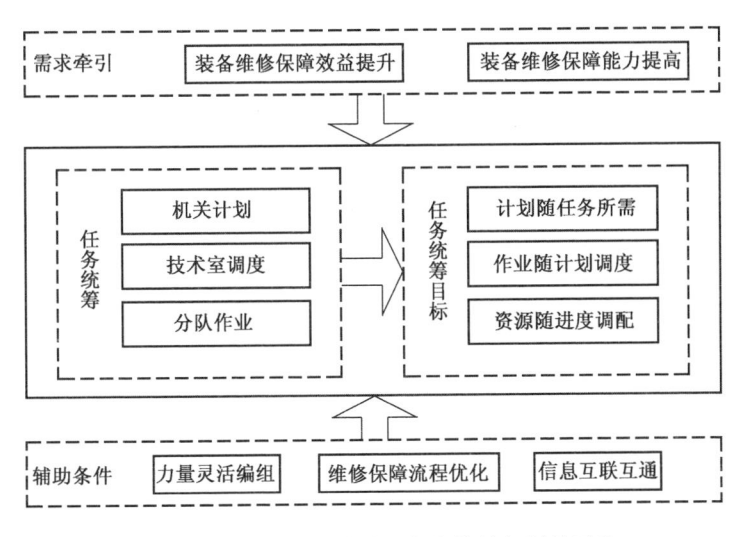

图5-3 装备维修保障作业任务统筹规划的思路

"基于网络信息体系的随需自组织装备维修保障作业"必须依靠装备维修保障网络信息体系,打通机关到分队、装备维修保障专业到武器装备的信息通道,促进业务协同,加强信息共享,实现各专业装备维修保障要素的总体筹划、一体调控和统一决策,如图5-4所示。

目前,我军装备维修保障主要采用按照装备型号进行维修保障作业,装备维修保障比较封闭和分散,装备维修保障作业活动的信息不能够及时采集和互联互通,装备维修保障资源难以实现共享。因此,可以通过业务统筹的方法,从装备维修保障主线业务和辅助业务出发,理清装备维修保障节点、要素和运行的关系,以信息流、资源流、力量流为动态连接线,对装备维修保障作业进行优化和重组,合理运用装备维修保障资源,提高装备维修保障效益。

99

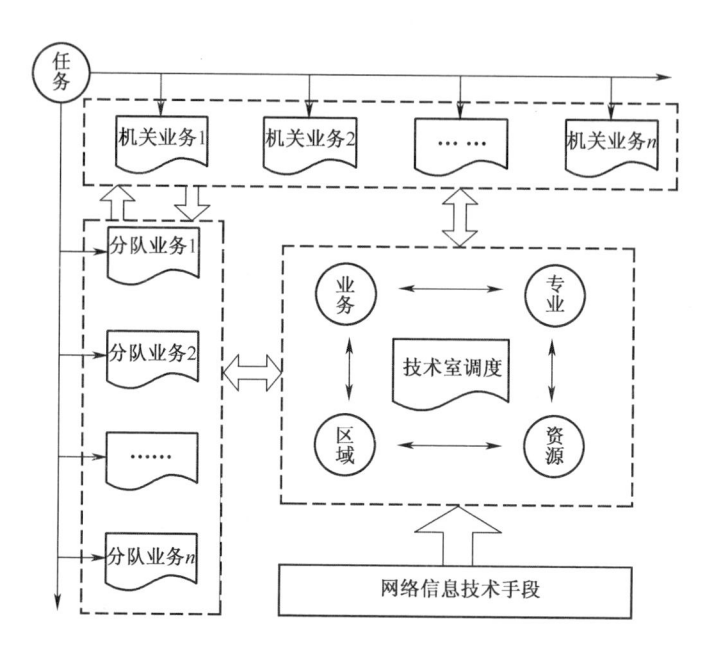

图 5-4　基于业务工作的装备维修保障分工结构

# 第三节　装备维修保障作业任务统筹方法

部队级装备维修保障作业任务统筹的主体主要包括机关和修理分队,装备维修保障时机为立足平时、兼顾战时。各类型部队具体的装备维修保障任务不尽相同,部队级通用装备维修保障任务统筹是当前研究的重点,可以为其他军兵种部队级装备维修保障建设提供一定研究思路,具体按照"五个统一"进行统筹设计。

## 一、业务机关统一计划

业务机关统一计划是指机关相应业务部门针对本级所有装备的使用情况和维修保障需求,按照武器系统、底盘、车体、特装等维修保障种类,由业务处统筹拟制装备维修保障计划。一是主管领导负责、多方参与。由装备(保障)部门首长负责,装备维修保障业务科领导牵头,分管各项业务的助理员、修理分队技术室主任和作战分队官兵代表参加,采取实力汇总、问卷调查、听取建议、分类汇总的方式,通过各方协调,使得计划的拟制满足作战需要和多方需求。二是整合任务内容、统一部署。结合上级装备维修保障指示和本级装备维修保障力量的能力拟制计划,确定装备维修保障的类型、数量、等级、进度和器材需求等内容,由装备(保障)机关下达给修理分队。三是加强业务抓建、分类指导。机关统筹规划所属装备维修保障力量的建设,分类指导装备维修保障作业、装备维修保障力量、装备维修保障手段、装备维修保障训练、装备维修保障法规五大要素,指导部队抓好工作落实,增强装备维修保障体系建设的系统性、完整性和协调新。通过业务机关的统筹计划、统一部署,解决传统的装备维修保障作业的分专业"各自为战",当前装备维修保障业务"貌合神离"的问题,有效处理"令出多门""逐级加码""业务分割"的情况,提升装备维修保障效能[25],如图 5-5 所示。

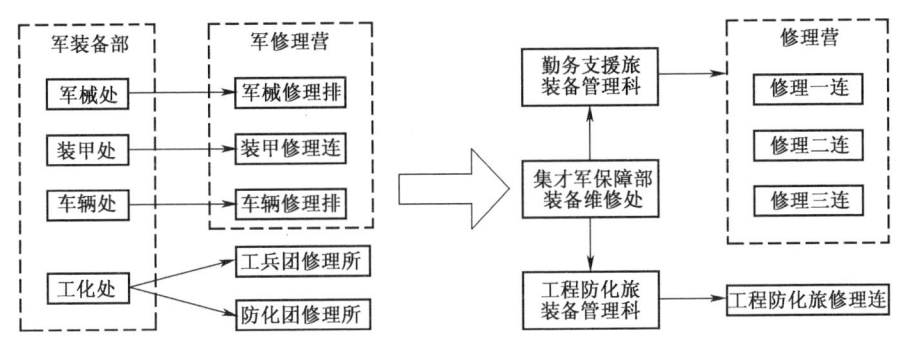

图 5-5 装备维修保障任务下达模式的转变

## 二、调度机构统一管控

修理分队建立完善与本级业务相适应的生产调度机构,统筹协调装备维修保障工作的组织与实施。通常,修理营(连)设立调度室,由副营长(副连长)兼任总调度员。目前,修理分队编设技术室主要负责督促、指导修理分队完成装备维修保障任务,解决技术难题、抓好人员培训、做好质量检验、组织技术革新和学术研究,掌握装备维修保障信息、及时向上级提出报告建议,是修理分队重要的技术维修保障机构,如图 5-6 所示。

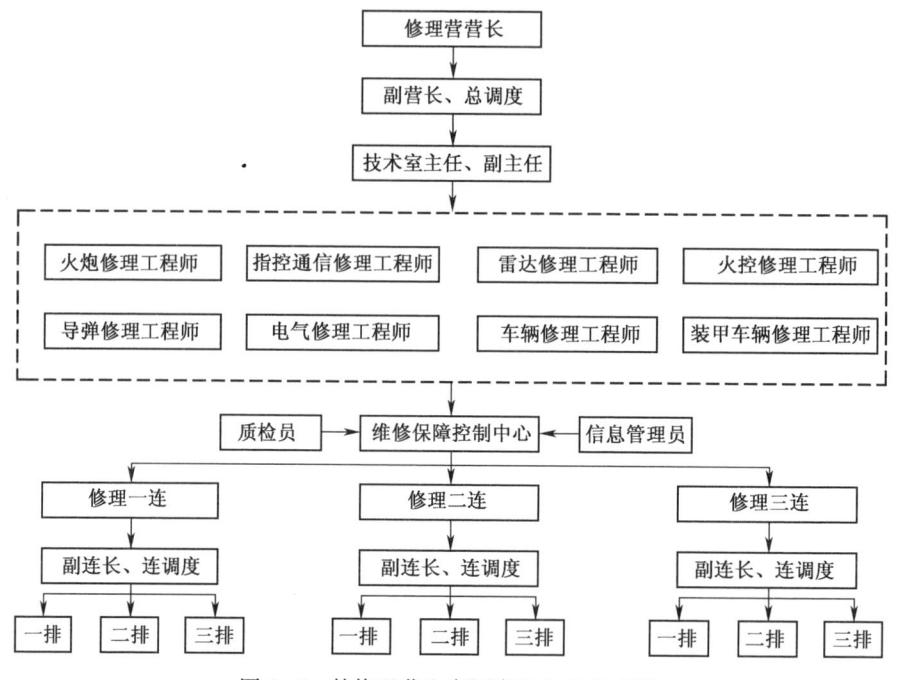

图 5-6 某修理营生产调度网人员组成图

　　作为机关计划部署和修理分队实施作业衔接的桥梁,技术室等调度机构应加强统筹调度,强化统筹管理、质量监测和技术指导功能。一是加强统筹管理。调度室根据修理分队本级的装备维修保障任务,参与组织制定装备维修保障作业计划和临时补充装备维修保障作业计划,通过平时装备维修保障作业计划调度、特殊装备维修保障作业特定调度、专项装备维修保障作业集中调度的方式,统筹协调各个装备维修保障作业单元的进度,督促装备维修保障作业计划落实和各种定额的完成。二是加强质量管控。调度室结合当前修理分队的装备维修保障作业进度,督促指导装备维修保障单元按照图纸、修理范围、工艺规程、技术条件完成装备维修保障任务,及时解决装备维修保障中出现的技术难题。同时,通过质量检验机构对各位置、各单元工位的作业状态和在修装备情况进行调控监督,做好质量检验和过程监控工作,确保装备维修保障作业质量。三是加强技术指导。充分利用技术骨干专业技术强、专业领域广、钻研劲头足的特点,将技术骨干合理配置、集中使用、分类指导,通过"专家会诊"的方式督促装备维修保障人员正确使用装备维修保障设施和机工具设备,在高新维修保障技术应用、在修装备疑难杂症和修竣装备综合测试等情况加强分类指导,如图5-7所示。

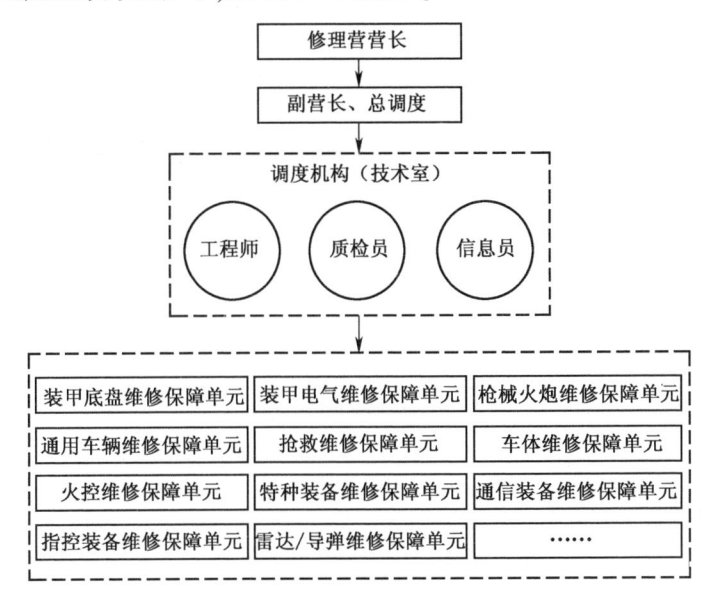

图 5-7 修理单位生产调度机构统一管控示意图

通过强化调度机构的统一管控,有效发挥了修理分队调度机构在修理分队和机关间的联接作用。通过修理分队调度室、质量检测室等机构准确掌握本单位装备维修保障要素情况,可以将各种装备维修保障力量融合、统一协调,为装备维修保障工作更有序地进行提供保证。

### 三、专业工种统一作业

在装备维修保障计划统一制定和装备维修保障设施统一建设的基础上,修理分队各专业工种在同一区域(车间)、不同位置,同步开展装备维修保障作业,如图5-8所示。一是按装备构成展开维修保障作业。对于坦克、步战车、自行火炮等大型高技术装备,先将其分解为底盘、武器系统、电气、通信等部分,再由相应的维修工种同步展开维修保障作业。二是按装备功能类型展开维修保障作业。某些由一个工种少量人员就能完成维修保障作业的待修装备,按照特定区

103

域设置作业场所,单独组织装备维修保障作业。例如,通信电台的维修保障,在指定区域将轮履装备上的电台统一登记、统一拆卸、统一维修保障、统一保管,实现责任明确、互不干扰。三是依据装备维修保障作业流程规范展开维修保障作业。轮履装甲装备、通用车辆装备和工程机械装备的中修,根据装备维修保障作业流程规范的要求,原则上按照检测、拆卸、分解与清洗、鉴定、部件组装与试验、安装、试车、回修保养等程序,采用分组承包作业法和专业流水作业法开展装备维修保障。通过装备维修保障人员集中组织、装备集中统修、工作同步进行,能够将装备维修保障资源的集中使用,能够有效克服"忙闲不匀"的现象。

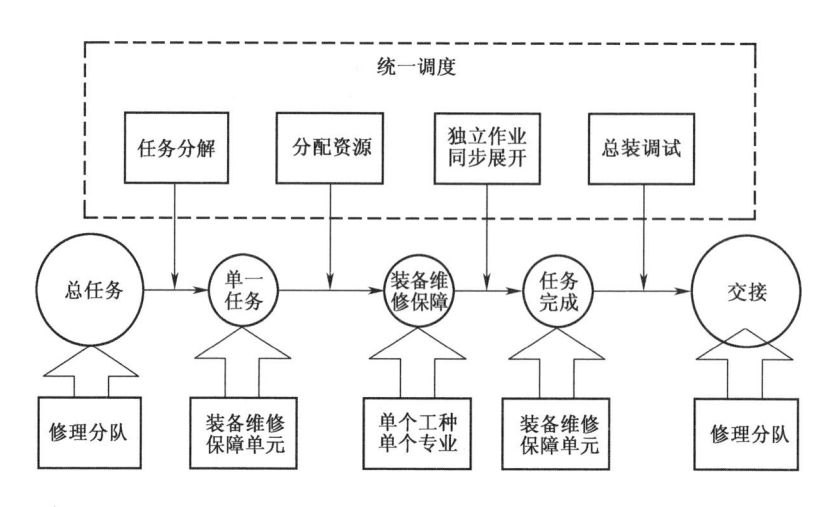

图 5-8 修理单位生产调度示意图

通过"三个统一"进行任务统筹,将各个装备维修保障作业要素进行综合集成,合理调配装备维修保障资源,整合装备维修保障的分散环节,强化装备维修保障力量集中管理,实现各个装备维修保障业务模块的融合互通,打破装备维修保障机关各部门、分队各专业的自我封闭和自我建设的局面,解决装备维修保障任务随需统筹、机构内部自组织运行等问题。

**四、装备维修保障质量统一调控**

装备维修保障质量是装备维修保障工作的核心,装备维修保质量调控是装备维修保障工作的关键环节。修理分队统一编组、分区作业后造成的建制分散、人员混编、点多面广、质量不易掌控的实际情况,在强化传统自检、互检、专职检验的基础上,通过完善质量监控体系、强化监管技术手段,进一步加强装备维修保障作业的质量调控。一是建立组织强化管。在技术室成立由主任为组长的装备维修保障质量监控小组,对各专业、各区站的装备维修保障质量进行全面负责,对每台修竣出场装备进行确认把关;在各装备维修保障作业组成立由技术军官和各装备维修保障单元质检员组成的质量管理小组,对本组装备维修保障质量具体负责;在各装备维修保障单元设立质检员,对本单元的作业质量进行把关。二是建强手段科学管。通过修理车间局域网和各类信息终端设备,建立由总控室、各站点、各区位组成的装备维修保障质量监控网,实时掌控作业进度、查询任务信息;通过车间LED显示屏和各工位触摸查询机,实时发布装备维修保障作业流程、技术参数,做到装备修前能了解、修中能参考、修后能核对;充分运用智能化检测设备和不解体检测手段,对修复部件和修竣装备实施自动检测,综合判断装备维修保障质量效果。三是健全机制长效管。建立各区位、各站点、各岗位工作职责和操作技术规程,制定人员编组、包车作业实施办法,落实装备维修保障责任制;各装备维修保障作业组、单元每天对装备维修保障质量进行讲评,营技术室每周召开一次质量分析会,营每月对装备维修保障质量进行阶段总结,及时发现问题,整改落实。

装备维修保障质量统一调控,通过随机检查与阶段检验、过程管理与修竣验收、人员监督和系统监管相结合,从整体上掌控装备维修保障质量信息、严格装备维修保障质量规范、把住装备维修保障质量环节、提高装备维修保障质量标准。

**五、物资器材统一保障**

打破传统建制模式,按装备维修保障单元编组作业,要求物资器材保障必须联供联保。实践中,按照"通装统保、同装互保、专装自保"的原则,以"台份组配、集装周转、成套供应"为基础,研究通用器材集中统供、专用器材对口保障、自筹器材统一采购的保障方法。

通用器材集中统供是指同型号、同底盘能相互通用的物资器材，由修理营根据物资器材供应计划，分头请领、统一计数、台份组配、集中储存。装备维修保障作业展开后，根据装备维修保障进度由营器材保管员集中发放至各装备维修保障作业单元。专用器材对口保障是指各类专用装备和互不通用的物资器材，由各业务科对口请领、单独保障。自筹器材统一采购是指各类标准件、擦拭材料等部队自筹器材，按照"统一计划、统一采购、记账消耗、对口结算"的原则，由修理分队集中采购、按需使用，依据各装备维修保障专业消耗情况对口核销。

通过物资器材统一保障，增强供应的整体性、系统性，提高物资器材供应的利用率和时效性，减少积压浪费，为精确筹措、准确核算库存、科学测定周转量提供可靠依据。

## 第四节　基于 QFD 的同级分队装备维修保障作业任务区分

装备维修保障作业任务区分是装备维修保障作业任务统筹的重要内容[48]。本节着眼于部队同级装备维修保障机构的装备维修保障任务，通过建立模型进行研究分析，为装备维修保障任务区分提供方法的支持，并为军地装备维修保障任务区分提供借鉴。当前，部队级装备维修保障分队重组合并，维修保障力量实现重塑，两个同级修理分队各自的装备维修保障任务需要进一步明确区分。例如，勤务支援旅下属两个修理营，勤务保障营下属两个修理连，各自装备维修保障能力和水平不同，科学区分两个甚至多个修理分队的装备维修保障任务成为装备维修保障部门需要思考和解决的问题，也是促进装备维修保障机构加强自身建设，补足短板的重要依据。

### 一、装备维修保障作业任务区分流程

通过调研基层部队的实际装备维修保障活动，借鉴传统的装备维修保障任务区分程序，可以梳理出装备维修保障作业任务区分的基本步骤，如图 5-9 所示。

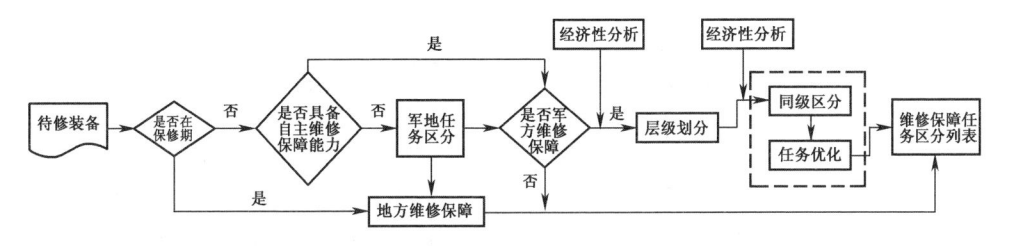

图 5-9 装备维修保障作业任务区分流程图

从图 5-9 可以看出,装备维修保障作业任务区分可以分为在保修期内任务区分、不在保修期军地任务区分、部队内部层级任务区分、部队同级分队任务区分。

装备在保修期内的维修保障责任较为明确,承研承制单位根据合同负责装备维修保障;不在保修期内军地任务区分涉及军民融合式装备维修保障,维修保障难度较大、涉及范围较为广泛、规律不易掌握,各级装备维修保障机构维修保障任务的区分基本沿用传统模式的做法,而同级装备维修保障机构任务的区分是当前需要重点解决的问题。本节重点是利用 QFD 的方法模型对部队同级分队任务区分进行的研究。

## 二、QFD 模型简介

质量功能展开(quality function deployment,QFD)是指为提高新产品开发质量和速度经常运用的方法。它是通过对研究对象的调查和分析,将"弹性"而且"模糊"的需求转化为相应的指标体系和评分标准,并应用到产品生产控制。这种方法常见于系统规划和项目决策。因此,借鉴并采用 QFD 方法建立模型,可以为部队同级分队任务区分提供一定程度的辅助决策。

QFD 方法的关键是采取直观框架表达形式构建质量屋模型,如图 5-10 所示。

构建矩阵的目的主要是分析各个指标的重要程度及相互关系,为决策提供定量描述。质量屋模型的 7 个部分具体含义如下:

(1)期望目标矩阵:建立希望达成的目标矩阵;

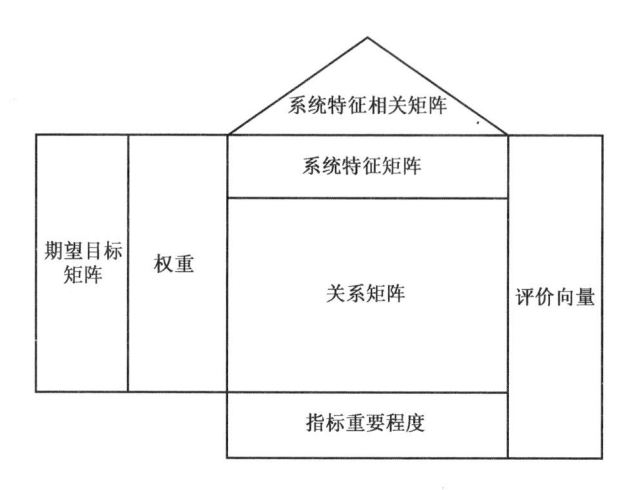

图 5-10 质量屋模型图

（2）权重：通过对多个目标进行比较，表示各个目标的重要程度；
（3）系统特征相关矩阵：系统特征之间的相互关系；
（4）系统特征矩阵：系统自身的特点；
（5）关系矩阵：目标和系统特征的相互关系；
（6）指标重要程度：系统特征的指标及重要程度；
（7）评价向量：系统特征对任务目标的满足程度。

## 三、基于QFD的装备维修保障作业任务区分要素评估分析

某项装备维修保障作业任务进行部队同级装备维修保障机构的区分，需要根据各个装备维修保障单位的装备维修保障能力情况进行分析和评判，从而为任务区分提供参考。

1. 模型要素指标分析

（1）建立装备维修保障需求的评价指标，如图 5-11 所示。

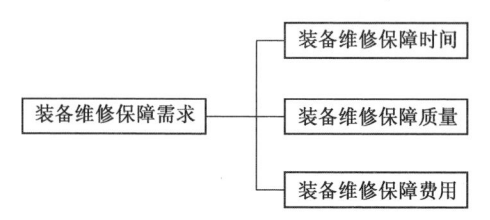

图 5-11 装备维修保障需求评价指标

在图 5-11 中装备维修保障时间是指部队完成某项装备维修保

障作业任务的总时间;装备维修保障质量是指修竣装备的性能指标恢复情况;装备维修保障费用是指开展装备维修保障作业的总费用。

(2)建立装备维修保障力量特性的评价指标,如图5-12所示。

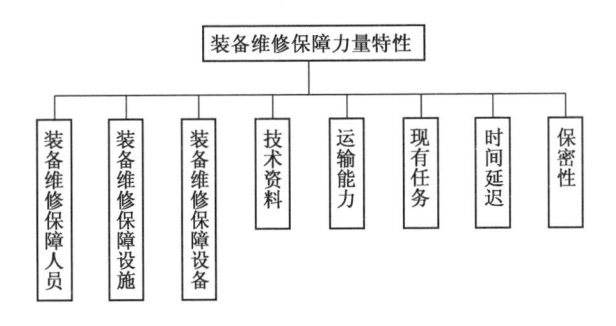

图5-12 装备维修保障力量特性评价指标

在图5-12中需要特别说明:现有任务是指修理分队当前的装备维修保障作业进度对新任务的影响程度;时间延迟是指修理分队各项工作冲突对装备维修保障作业造成的时间影响;保密性是指装备维修保障相关人员的保密意识。

(3)建立装备维修保障作业特性的评价指标,如图5-13所示。

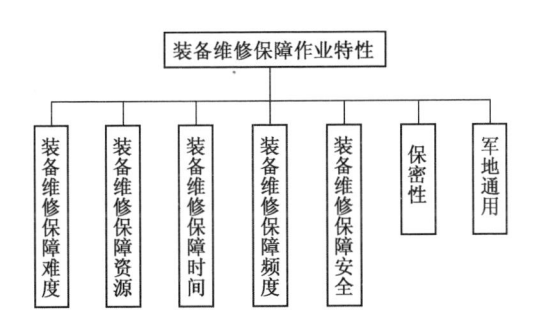

图5-13 装备维修保障作业特性评价指标

在图5-13中保密性是指在安全风险评估中是否存在失密、泄密隐患,与人员的保密意识相比较,强调的是外部因素。

2. 建立评估矩阵

通过调查分析建制内的装备维修保障力量各个要素对装备使用分队维修保障需求的重要程度,以及建制内的装备维修保障力量各要素对装备维修保障特性的重要程度,建立QFD矩阵模型,见表5-2所列。

表 5-2  装备维修保障需求与装备维修保障力量关系矩阵

| 矩阵 A：装备维修保障力量与装备维修保障需求的关系 | | 装备维修保障需求的重要性 | 装备维修保障力量 | | | | | | | |
|---|---|---|---|---|---|---|---|---|---|---|
| | | | 维修保障人员 | 维修保障设施 | 维修保障设备 | 技术资料 | 运输能力 | 现有任务 | 维修保障延误 | 保密性 |
| 装备维修保障需求 | 维修保障时间 | 7 | Ⅳ | Ⅱ | Ⅲ | Ⅲ | Ⅳ | | Ⅳ | |
| | 维修保障质量 | 9 | Ⅳ | Ⅱ | Ⅲ | Ⅲ | | Ⅰ | | Ⅴ |
| | 维修保障费用 | 5 | Ⅲ | Ⅴ | Ⅴ | Ⅱ | Ⅱ | Ⅱ | Ⅲ | |

同理，建立部队级装备维修保障力量与装备维修保障作业特性的矩阵，见表 5-3 所列。

表 5-3  装备维修保障力量与作业特性关系矩阵

| 矩阵 B：装备维修保障力量与作业特性的关系 | | 装备维修保障作业特性 | | | | | | |
|---|---|---|---|---|---|---|---|---|
| | | 维修保障难度 | 维修保障资源 | 维修保障时间 | 维修保障频度 | 维修保障安全 | 保密性 | 军地通用性 |
| 装备维修保障力量 | 维修保障人员 | Ⅳ | Ⅲ | Ⅲ | Ⅱ | Ⅱ | Ⅴ | Ⅳ |
| | 维修保障设施 | Ⅱ | Ⅲ | | | | | Ⅳ |
| | 维修保障设备 | Ⅰ | Ⅲ | | | Ⅱ | | Ⅳ |
| | 技术资料 | Ⅳ | Ⅲ | Ⅲ | | Ⅱ | | Ⅳ |
| | 运输能力 | | | Ⅱ | Ⅳ | | | |
| | 现有任务 | Ⅲ | Ⅴ | | | | | |
| | 维修保障延误 | | Ⅳ | Ⅳ | | | | |
| | 保密性 | | | | | | Ⅴ | |

建制内装备维修保障力量各要素对装备使用分队维修保障需求的重要程度用罗马数字Ⅰ~Ⅴ表示，见表 5-4 所列。

表 5-4  重要程度

| 符号 | 权重值 | 重要程度 |
|---|---|---|
| Ⅰ | 1 | 不重要 |
| Ⅱ | 3 | 不太重要 |
| Ⅲ | 5 | 一般重要 |

(续)

| 符号 | 权重值 | 重要程度 |
|---|---|---|
| Ⅳ | 7 | 比较重要 |
| Ⅴ | 0 | 非常重要 |

3. 模型求解

根据上述建立的两个矩阵,可以得出装备维修保障力量的评分关系式,即

$$F = \sum f = \sum \left( \sum_{i=1}^{3} \omega_i \times \left( \sum_{j=1}^{7} \omega \times \omega_j \right) \right) \quad (5-1)$$

式中:$F$ 表示装备维修保障力量的综合评分,$f$ 表示装备维修保障力量的单项指标,$\omega_i$ 为装备维修保障需求,$\omega$ 为单项装备维修保障力量的评分,$\omega_j$ 为装备维修保障作业特性。

根据式(5-1),可以计算出装备维修保障力量的综合评分。例如,某项装备维修保障任务,部队同级装备维修保障力量评价总分为 $F_1$ 和 $F_2$,若 $F_1$ 大于 $F_2$,可以考虑依靠表示 $F_1$ 的修理分队完成装备维修保障任务。

### 四、实例分析

对于某项具体的装备维修保障任务,如完成155mm自行加农榴弹炮的中修任务,对修理一营和修理二营进行综合评价,以装备维修保障力量中的"维修保障人员"举例。根据QFD模型结合装备维修保障实际情况和专家意见进行综合评分,如图5-14所示。

根据式(5-1)可得(因数据保密,所以计算步骤:略),装备维修保障人员、装备维修保障质量、装备维修保障费用评分分别为 0.123、0.158 和 0.88,三项评分合计 0.369,即某项装备维修保障任务的维修保障人员评分。将所有建制内装备维修保障力量的各项指标评分综合计算,得到针对该项装备维修保障任务的维修保障力量的总分。当 $F_1 \in (0,0.3)$ 时,修理一营开展某型装备的维修保障作业能力较弱;当 $F_1 \in (0.3,0.7)$ 时,两个营都可以开展装备维修保障作业,但各自能力稍有欠缺;当 $F_1 \in (0.7,1)$ 时,修理一营完全有能力开展独立

装备维修保障需求　　　建制装备维修保障力量　　　装备维修保障业务特性

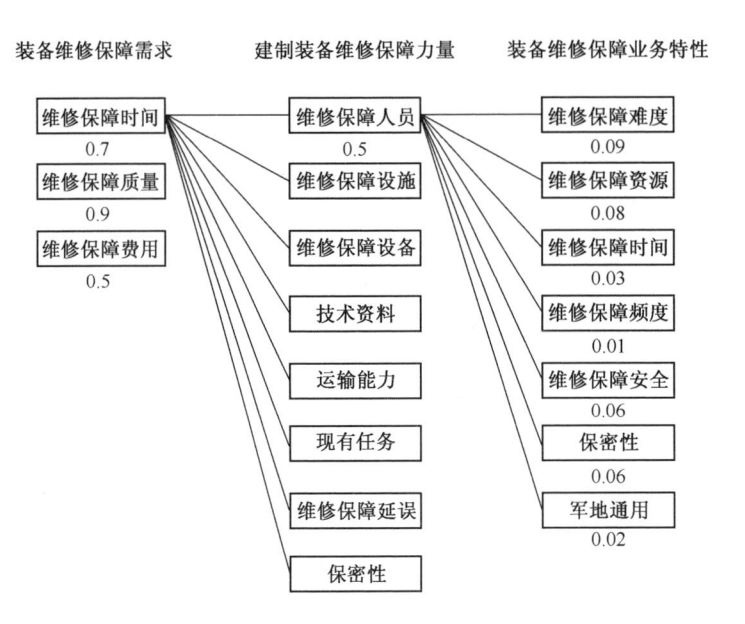

| 维修保障时间 0.7 | 维修保障人员 0.5 | 维修保障难度 0.09 |
| 维修保障质量 0.9 | 维修保障设施 | 维修保障资源 0.08 |
| 维修保障费用 0.5 | 维修保障设备 | 维修保障时间 0.03 |
| | 技术资料 | 维修保障频度 0.01 |
| | 运输能力 | 维修保障安全 0.06 |
| | 现有任务 | 保密性 0.06 |
| | 维修保障延误 | 军地通用 0.02 |
| | 保密性 | |

图 5-14　建制装备维修保障力量维修保障人员评分图

装备维修保障作业。

# 本 章 小 结

本章在部队级装备维修保障作业任务分类和统筹现状分析的基础上,提出了陆军部队级装备维修保障任务规划的总体思路,重点研究了陆军部队级装备维修保障作业任务统筹的方法,运用了基于QFD的同级分队装备维修保障作业任务区分的模型,形成了较为完备的陆军部队级装备维修保障作业任务统筹的方法。

# 第六章 陆军部队级装备维修保障力量作业编组

装备维修保障力量作业编组是装备维修保障作业模式运行的关键,在实施装备维修保障任务统筹后,就需要对装备维修保障力量进行合理组织与运用。本章着眼于"随需编组"思想,从部队级装备维修保障力量运用层面分析装备维修保障作业模式,对指导部队级装备维修保障力量科学运用、提高装备维修保障效能、完成装备维修保障任务,实现装备维修保障由"基于型号"向"基于能力"转变具有一定的意义[50]。

## 第一节 装备维修保障力量的构成

装备维修保障力量是用于遂行装备维修保障任务的各种力量,由实施装备维修保障的维修保障人员、硬件资源和软件资源构成,是组织实施装备维修保障的基础。装备维修保障人员包括管理人员和技术人员,硬件资源包括保障装备、维修设备、维修设施、维修器材等,软件资源包括规章制度、技术手册、教材图册等,如图6-1所示。

传统的平时装备维修保障体制的设置基地级、中继级和基层级三级装备维修保障作业体系。由于高新技术装备模块化程度相对较高,因此在部队级可直接推行以换件修理为主的两级装备维修保障体制,但是老旧装备继续实行三级维修保障。当前和今后一段时间,三级与两级装备维修保障体制将共存。基地级装备维修保障能力要求综合集成,部队级装备维修保障能力要求灵活高效,力争做到平均装备维修保障时间大幅缩短,装备维修保障贡献率逐步增加。图6-2所示为陆军平时装备维修保障机构的设置及其之间的关系,以及部分

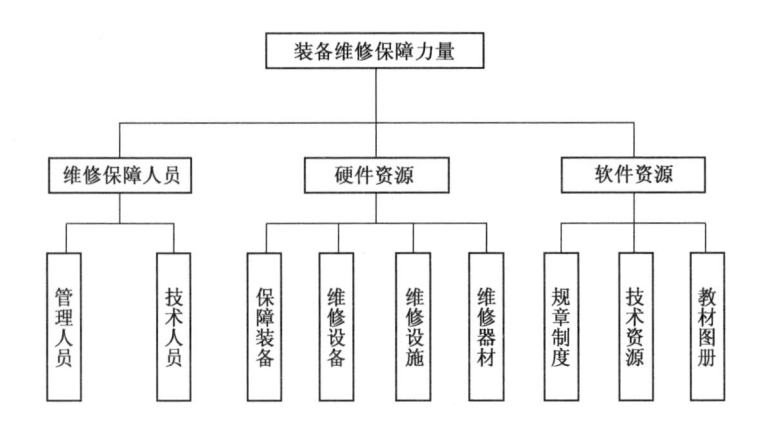

图 6-1 装备维修保障力量构成示意图

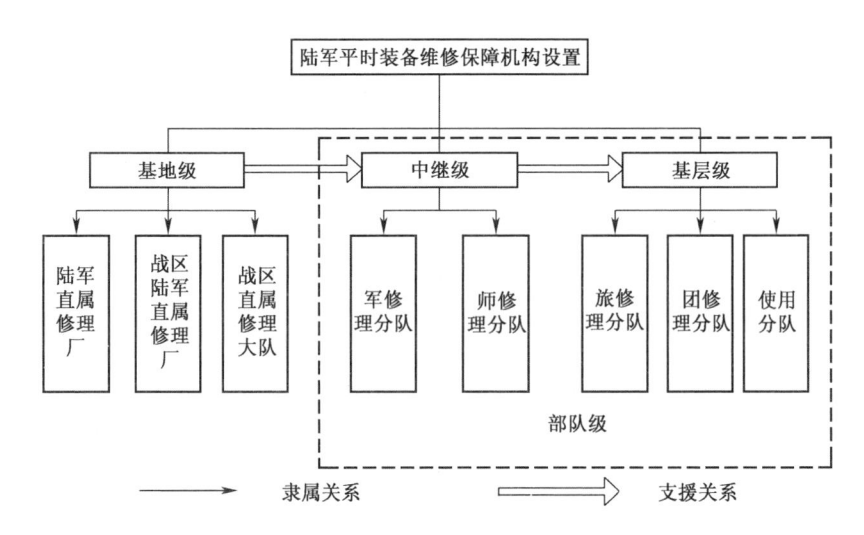

图 6-2 陆军平时装备维修保障机构设置及其关系

级装备维修保障力量的基本构成。

## 第二节 装备维修保障力量作业编组的目标和原则

### 一、陆军部队级装备维修保障力量编组的目标

基于岗位设置的专业化、人员素质的综合化、编配结构的动态化，

装备维修保障力量编组的总体目标是实现平时装备维修保障作业灵活编组,平战转换随需抽组,战时装备维修保障模块编成,适应平时不同装备维修保障对象、战时不同作战样式的装备维修保障需求。着眼形成敏捷反应、快速机动、综合维修保障的部队级装备维修保障能力,通过优化装备维修保障力量编成规模、岗位设置、班组编配、职级结构,降低装备维修保障难度,减少资源配置,最大程度减轻军以下部队装备维修保障负担,建强师、旅(团)部队装备维修保障能力。

(1)构建顺畅的指挥体系。信息的实时共享已成为完成平时和战时装备维修保障任务的关键因素,信息网络系统为信息的快速流动奠定了基础。指挥机构和装备维修保障力量通过网络系统,形成了密切联系的一体化布局,可以通过指挥链直接指挥各装备维修保障单元。在此基础上,将装备维修保障力量分为不同功能的模块,依照任务进行编组,由指挥机构统一指挥,各装备维修保障力量模块直接由指挥中心指挥,减少了逐级指挥层次,破除了逐级汇报、层层指挥的依赖,组织指挥关系更为顺畅。

(2)建立合理的编组结构。装备维修保障能力的强弱很大程度上取决于内部的组织结构,装备维修保障力量模块之间相互影响、相互作用,其编组结构越合理、个体功能发挥的越好,整体功能就越好。装备维修保障力量的作业编组是根据信息网络条件下装备维修保障任务、现有的装备维修保障水平、敌情、地形等因素,对装备维修保障力量进行的科学组合。装备维修保障力量的作业编组是为建立高效的力量编组结构而进行的力量重组。

(3)实现装备维修保障力量的一体化。装备维修保障力量的一体化,突出了装备维修保障模块的结构性互补和效能性协调,其实质是在行动和力量一体的基础上实现效能的一体。在快节奏的情况下,装备维修保障编组模块化有利于实现装备维修保障力量的一体化,有利于对装备维修保障力量集中运用,有利于统一计划和组织装备维修保障力量的活动,有利于形成整体装备维修保障合力。

二、陆军部队级装备维修保障力量编组的原则

装备维修保障力量的编组,应坚持"合理、适度、灵活"的原则,确

保形成"平时按建制管理、作业按任务调度、战时按单元实施"的装备维修保障力量运用方式。

（1）力量搭配合理。装备维修保障单元是完成指定装备维修保障任务的最小单位，是实现装备维修保障力量模块化动态编组的基础，要综合考虑各专业、维修保障人员能力和各种因素合理分配。在具体操作时，应充分利用作战分队装备维修保障力量熟悉装备性能和修理分队装备维修保障技能熟练的优势，将战斗分队装备维修保障力量融入修理分队力量，通过专业融合、新老组合、强弱搭配，实现装备维修保障单元的整体优化。同时，在装备维修保障演习活动中，根据需求主动吸收上级装备维修保障力量和地方装备维修保障力量。

（2）编组规模适度。装备维修保障单元由人员、装备、设备构成，须要综合考虑任务特点、保障要求、单位现状等因素科学编组。装备维修保障力量编组的规模大小，须要基于任务需求适度调配，既不能过大，缺乏优化整合，也不能过小，无法实施有效装备维修保障。例如，编配战术级履带装备伴随维修保障单元，应着眼战术级完成装备抢修任务要求，综合考虑机动距离、地形、装备、力量现状等情况，编配人员、设备、工具和器材，形成规模适度的装备维修保障单元。

（3）单元组合灵活。战术级装备维修保障单元应体现综合性，按照"便于拆拼合并、便于按需取舍"的要求，立足本级装备维修保障力量，基于现有装备编配动则灵活、变则自如的维修保障单元。例如，综合编组的换件维修保障单元、拆拼维修保障单元、检测单元和雷达维修保障单元等。战役级装备维修保障单元编组应体现专业性，基于能力编配集约化、专业化的装备维修保障单元，如集约编组的轮式装甲车维修保障单元、履带式自行火炮维修保障单元等。

## 第三节　装备维修保障力量作业编组的主要做法

战时，陆军部队级装备维修保障力量编组通常采取"群—队—组"的形式。平时，在陆军部队级装备维修保障作业和训练时，装备维修保障力量的编组不能完全适应平战结合的要求。随需自组织的装备维修保障作业模式是通过专业优化、力量聚合、能力整合的方法,合理的运用装备维修保障力量。为切实提高装备维修保障作业编组的质量,在平、战时装备维修保障作业过程中可以采用以下做法。

## 一、合理组配工种,重组专业岗位

装备维修保障作业编组按照"基于型号"向"基于能力"转变的要求,着眼解决专业重复、工种交叉等问题,采取"重组、合并、保留、增配"的方法,在维持现有装备维修保障力量、数量和规模情况下,对现行结构不合理的工种编配进行优化调整和功能性整合,建立与保障任务、维修方式相适应的专业工种编配结构。例如,可对建制内的修理工种统一编组,将工种划分为底盘、上装、光电、特种等类型和履带底盘、轮式底盘、通用车辆底盘、武器系统等基本维修保障单元,对钳、钣金、焊等制配修理工可以合并为车体维修保障单元;火控、指控、电气、雷达等技术含量高、编制员额少的岗位应给予保留和增配[56-57]。

图 6-3 所示为打破传统的按照装备型号进行划分的编组模式,把技术相近、工具通用、过程类似、要求相同的装备维修保障专业进行编组,其实质是按照装备系统组成进行维修保障。这种编组形式组成要素多元、装备维修保障力量相对集中,专业性和功能性较强,各个装备维修保障专业人员之间可以取长补短,其横向的装备维修保障信息融合要比求较强。例如,轮式装甲车中修任务,可由轮式底盘、武器系统、火控系统、光学、电气、通信等基本维修保障单元编组完成。

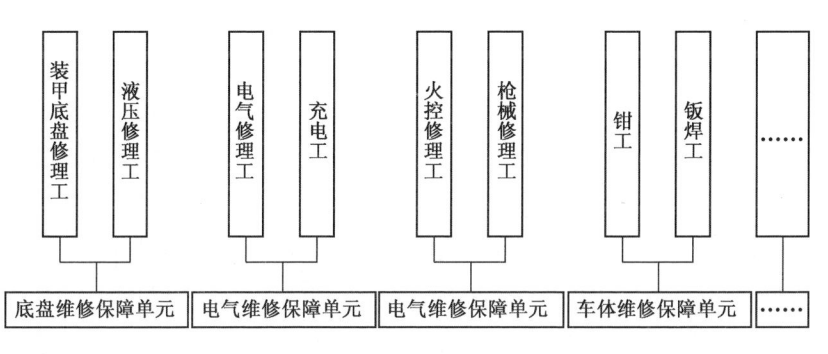

图 6-3 装备维修保障力量单元化组配形式

## 二、着眼作业需求，抽组保障单元

装备维修保障单元是指能够独立完成某项装备维修保障任务所需的各类维修保障资源的最小组合，包括装备维修保障人员、器材、维修保障装备和工具设备。平时装备维修保障作业按照"以专业工种组合单元、以功能单元随需编组、以信息融合作业调度"的模式，根据待修装备的类型、修理等级、工时标准和进度要求，对建制内的装备维修保障力量进行统一的调配和使用，实现以构建以基本装备维修保障能力单元为基础、装备维修保障模块组合为方式、装备维修保障任务需求为指引的平战快速转换的装备维修保障力量编组模式。

以陆军某勤务支援旅修理营为例，在军队改革后的编制构成内，进行面向任务和能力的装备维修保障力量模块化组合设计。按照"立足装备型号"向"面向维修保障能力"转变的要求和"数据化、系统化、模块化"的思路，依据待修装备的系统构成、维修保障单位的维修保障能力和任务的需求对相关的功能进行分解。其目的是得到装备维修保障力量的功能元，即随需自适应的最小的装备维修保障功能单元，并依据装备维修保障任务需求将相关功能元进行组合，可以得到装备维修保障功能模块[52]，如图6-4所示。

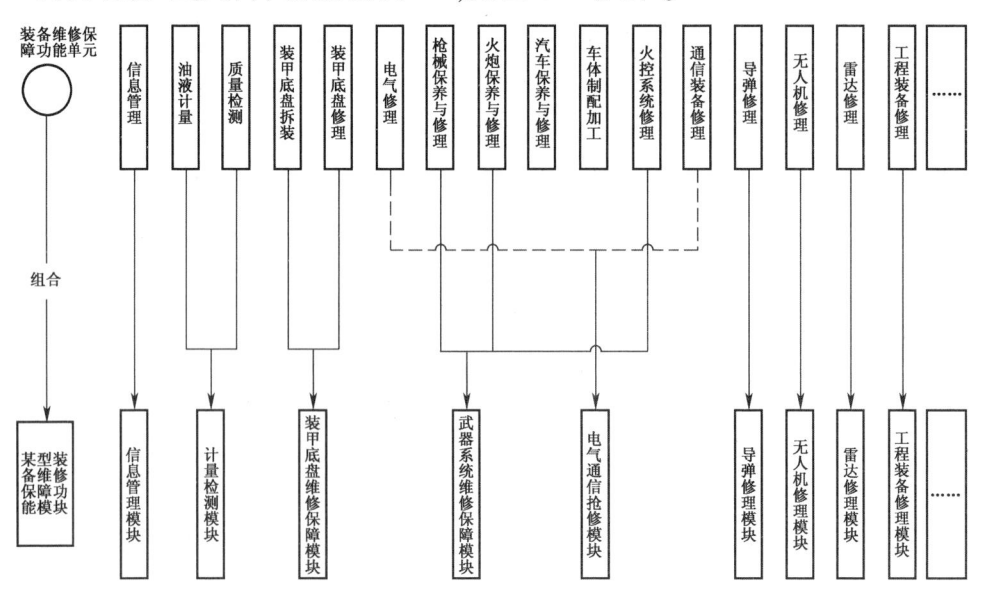

图6-4 装备维修保障力量部分功能元及功能模块

## 三、立足装备综合维修保障,优化编组样式

以单元为基础编组的装备维修保障机构,打破了专业界限,实现了装备维修保障力量统用、平战结合。平时装备维修保障作业编配维修保障单元,采取跨专业混合搭配、新老互助、强弱组合的方法,实现装备维修保障单元的优势互补、机动灵活、均衡使用。战时装备维修保障任务可根据装备维修保障需求,按"单元编组、以组编队、以队编群、随需抽调"的方式,将装备维修保障单元组配成装备抢救组、装备抢修组、检查评估组等维修保障小组,灵活编成基本装备维修保障队、机动装备维修保障队和支援装备维修保障队,从而提高装备维修保障作业编组的灵活性和集约性,实现构成的多样性,按需构建多功能装备维修保障体系[53,55],如图6-5所示。

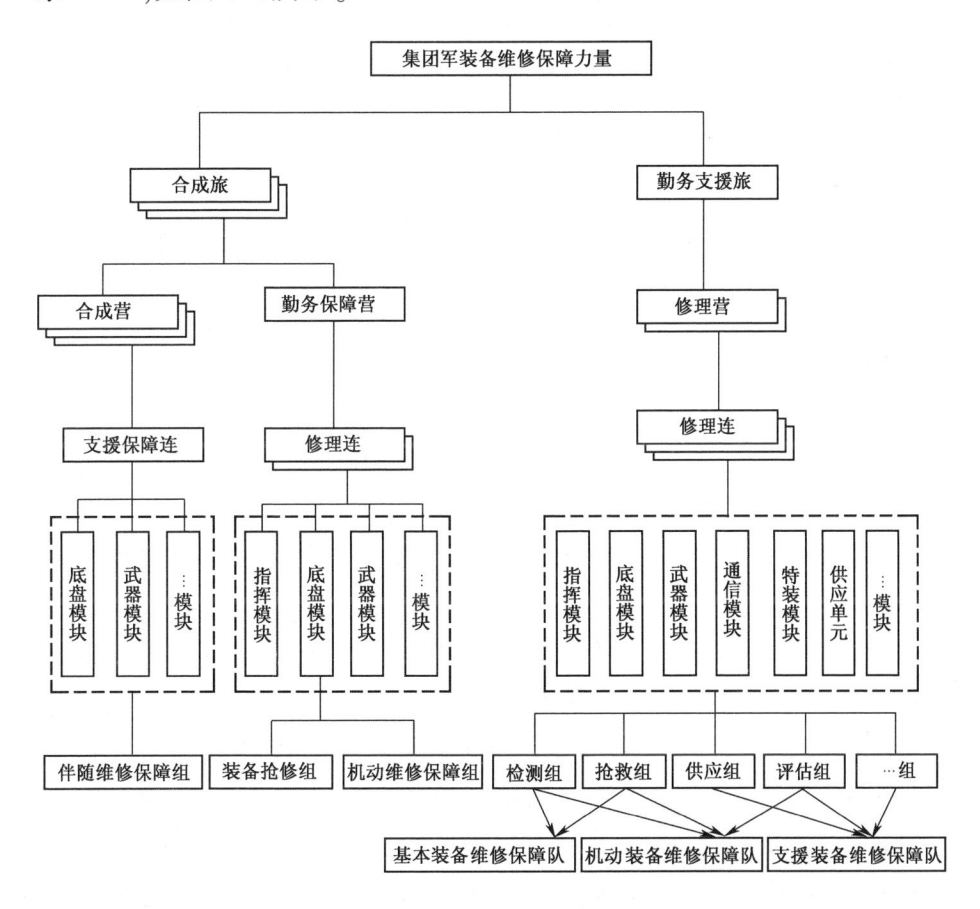

图6-5 装备维修保障力量编组方式

为了达到"随需组配"目的,需要按照功能组合装备维修保障基本模块,通过模块与模块的无缝连接,形成具有不同功能、不同级别的保障模块,从而构建出动态模块式的装备维修保障系统,有效促进装备维修保障力量的优化组合和集约运用,体现了装备维修保障业务综合互动、资源融合共享。

**四、适应任务变化,组配规模适中**

装备维修保障单元由人员、装备、设备构成,需要综合考虑装备维修保障任务特点、装备维修保障要求、单位现状等因素科学编组。装备维修保障力量作业编组的规模大小,要基于任务需求适度调配,既不能过大,缺乏优化整合,也不能过小,无法实施有效维修保障。例如,编配执行某项任务的伴随装备维修保障单元,应着眼完成装备抢修任务需求,综合考虑机动距离、地形、装备、力量现状等情况,编配人员、设备、器材和工具,形成规模适度的装备维修保障单元。具体来说,就是要做到以下"三随"。

一是力量随任务编。某一个装备维修保障单元的专业维修保障力量由需要维修保障的装备来决定,装备维修保障人员和维修保障装备的数量与装备维修保障任务相符合,做到在任务范围内用最少的时间和人数,最快完成装备维修保障任务。单元化组配中选择装备维修保障人员的原则是"任务类型决定人员类型、多少任务配备多少人员",努力做到人力资源利用效益最大化。

二是装备随人员配。每个装备维修保障单元需要的维修保障装备和专业工具、设备由所属人员操作使用,首先要与操作使用人员的专业相匹配,其次是在操作人员的运用能力范围之内,能够携带方便、展开迅速,努力做到配备适量、满足需要。

三是器材随需要供。根据装备维修保障单元在常见的维修保障任务范围内,不仅是满足装备维修保障器材供应,而且要对需要的维修保障器材数量进行合理分配,重点突出常见耗损件和应急维修器材等,与装备维修保障人员一同携行,做到减少请领环节、使用时随需随取,提高战时装备抢救抢修效率。同时,可以采用以车代库、以箱代架的办法,将装备维修保障单元所需器材集中固化于维修保障装备上,做到随调随行、随需随供。

## 第四节　基于聚合解聚的装备维修保障力量作业编组方法

聚合解聚方法是一个宏观和微观相互转换的分析方法,其思路已应用于电气自动化行业、化学化工行业、生态系统和军事领域等,在过程分析方面具有良好的效果。根据聚合解聚思想,在对装备维修保障作业任务抽象提炼的基础上,按照"基于需求解聚功能,面向任务聚合力量"的要求随需编组装备维修保障力量,分析现地实际所需的装备维修保障力量类型和数量,为指挥员快速制定装备维修保障方案理清思路和提供理论支持[58-59]。

### 一、装备维修保障力量聚合解聚的基本分析

从系统理论的运行角度和功能角度看,聚合解聚是一种根据任务抽象出所需功能的过程。任务可以划分为总任务、分任务、基本任务,所需功能也可以相应划分为总功能、分功能和基本功能,如图6-6所示。

首先,当上级下达装备维修保障任务后,由装备维修保障分队进行任务研究分析,并抽象为所需要的装备维修保障总功能;其次,采取自上而下逐层分解的方式,把总功能按照模块化方式映射为分功能和基本功能;最后,根据具有基本功能的力量实体自下而上逐层聚合,从而实现聚合解聚整个过程。其中,解聚过程的分功能可以是多层分解,根据装备维修保障力量单元情况分解至基本功能。

### 二、装备维修保障力量聚合解聚表示

由图6-6可知,总功能层、分功能层和基本功能层是把宏观功能逐步分解为微观功能的过程,也是不断分析、判断、推理和总结的过程。从层次角度看,可以分为以下3个层次:

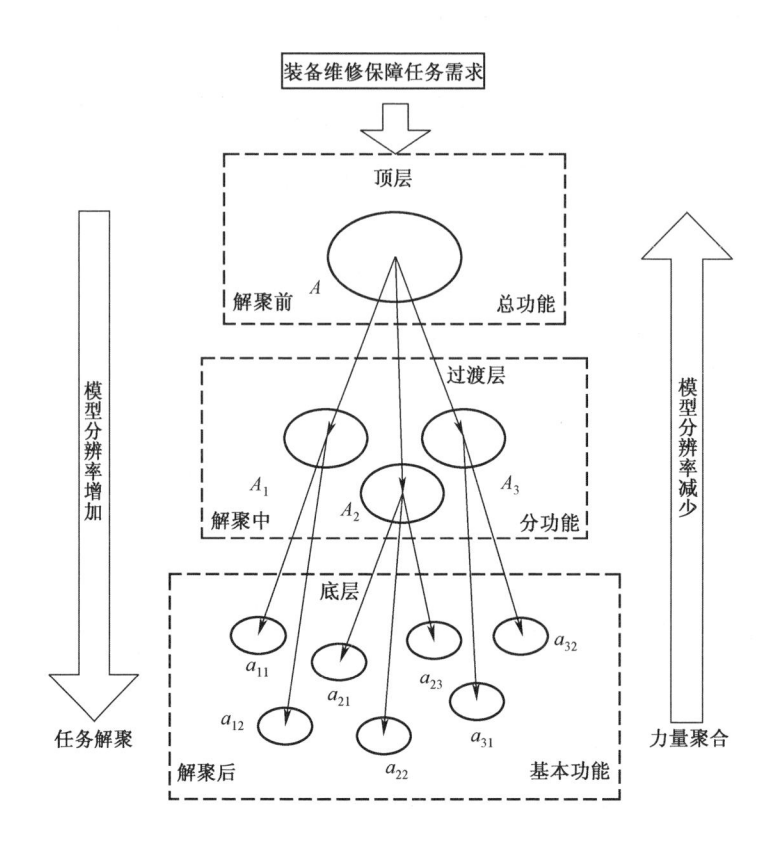

图 6-6 装备维修保障力量聚合解聚的基本过程

（1）总功能层：将上级下达的装备维修保障任务抽象形成具有总功能性质的顶层；

（2）分功能层：由多个功能组合形成的中间层；

（3）基本功能层：由不易再分解的具有单个功能形成的底层。

从组合原理上看，装备维修保障功能聚合一般采用功能融合的方法，其动态性体现在不同功能的力量交互时才聚合，其原理如图 6-7 所示。

在图 6-7 中，细粒度模型Ⅰ与细粒度模型Ⅱ交互时，又需要和粗粒度模型Ⅲ交互，所以将一部分聚合与粗糙度模型粗粒度一致，另一部分维持细粒度不变，从而实现不同粗细粒度间的聚合。基于此原理，在具体活动中，本级依托平时配置的维修保障力量、上级加强的

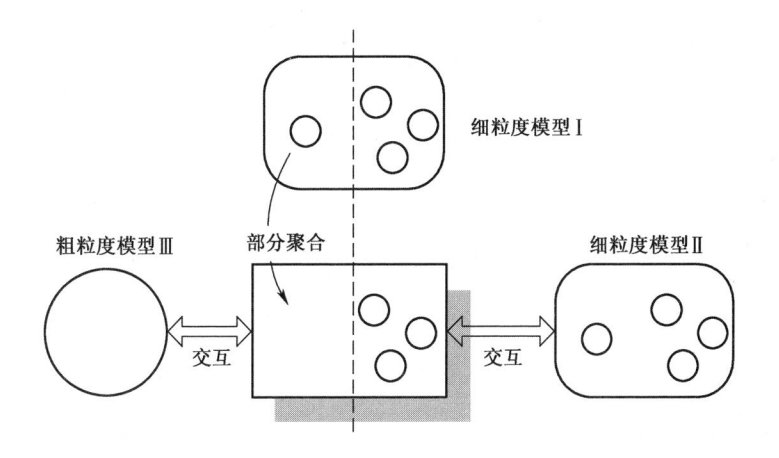

图 6-7　部分聚合原理

维修保障力量和地方支动员的维修保障力量,可以进行"组—队—群"的装备维修保障力量聚合分析。

解聚过程可以用功能树表示层次关系,以函数形式表示内部逻辑关系,如图 6-8 所示。

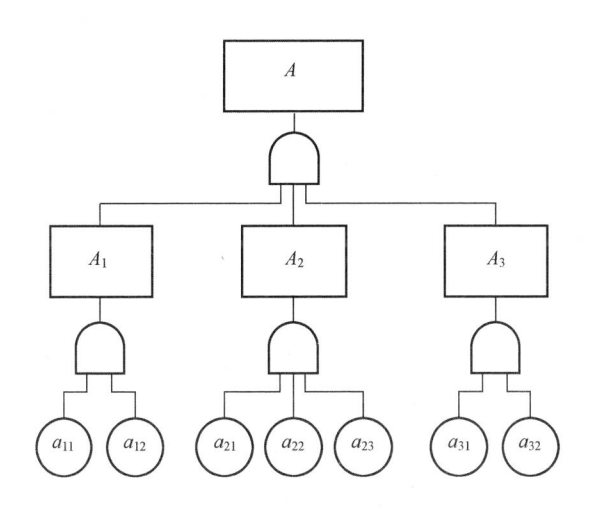

图 6-8　基于功能树的解聚过程表示形式

在图 6-8 中 $A$ 为顶点、$A_i$ 为中间节点、$a_{ij}$ 为末端节点。其基本图形描述见表 6-1 所列。

表 6-1 功能树的基本图形描述

| 图形 | 名称 | 表示 |
| --- | --- | --- |
| ▬ | 复合功能实体 | 包括多个基本功能实体 |
| ● | 基本功能实体 | 不易再分解的功能实体 |
| ⌂ | 关系"与" | 同时、并且、和 |

按照函数关系可以认为 $A$ 为模型顶层的变量，$A_i$ 为模型中间层的变量、$a'_{ij}$ 为模型底层的变量，其解聚函数分别表示为

$$A = F(A_1, A_2, A_3) \tag{6-1}$$

$$A_1 = F(a_{11}, a_{12}) \tag{6-2}$$

$$A_2 = F(a_{21}, a_{22}, a_{23}) \tag{6-3}$$

$$A_3 = F(a_{31}, a_{32}) \tag{6-4}$$

根据函数关系，可得

$$A = F(F(a_{11}, a_{12}), F(a_{21}, a_{22}, a_{23}), F(a_{31}, a_{32})) \tag{6-5}$$

根据实际情况，当给出变量 $A$ 值后，可以求解得到多组满足式(6-1)~式(6-5)的变量 $a_{ij}$ 的值。

### 三、解聚途径

装备维修保障力量解聚途径是把执行维修保障任务的总功能映射为维修保障力量，从而确定维修保障力量包含的维修保障人员的数量和专业类型，如图 6-9 所示。

以装备维修保障力量执行维修保障任务为例。平时、战时，装备维修保障机构接到上级下达的维修保障任务后，抽象为总任务功能和分任务功能，并映射为相关维修保障力量，通过功能组合基本形成维修保障力量组合体。在对故障装备实施维修时，将维修保障力量聚合体解聚为各类维修保障小组，分组开展维修保障作业，其流程如图 6-10 所示。

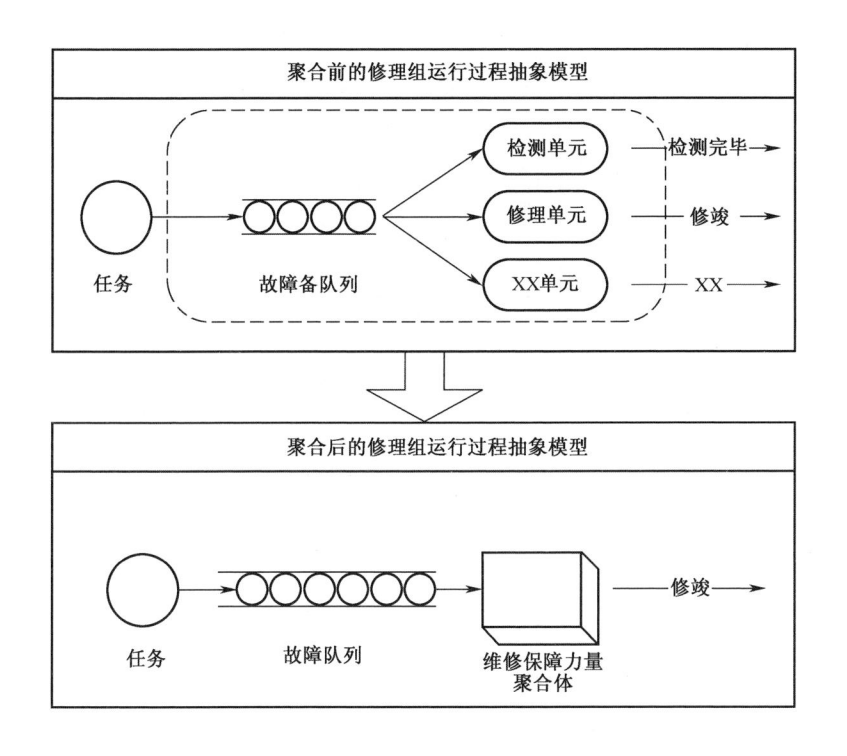

图 6-9 装备维修保障力量聚合前后运行过程抽象模型变化示意图

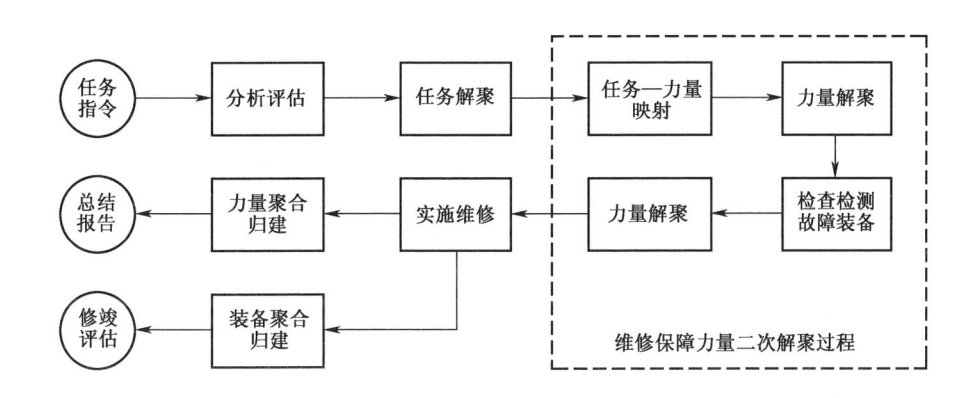

图 6-10 装备维修保障力量解聚求解流程图

根据送修装备的实际情况,可以把装备维修保障力量解聚为检测模块、维修保障模块、评估模块等。具体地维修保障模块可以继续解聚为各维修保障单元,如计量单元、检测单元、底盘保障维修单元、

125

武器系统维修保障单元、通信系统维修保障单元、评估单元等,其维修保障力量聚合体基本解聚过程,如图6-11所示。

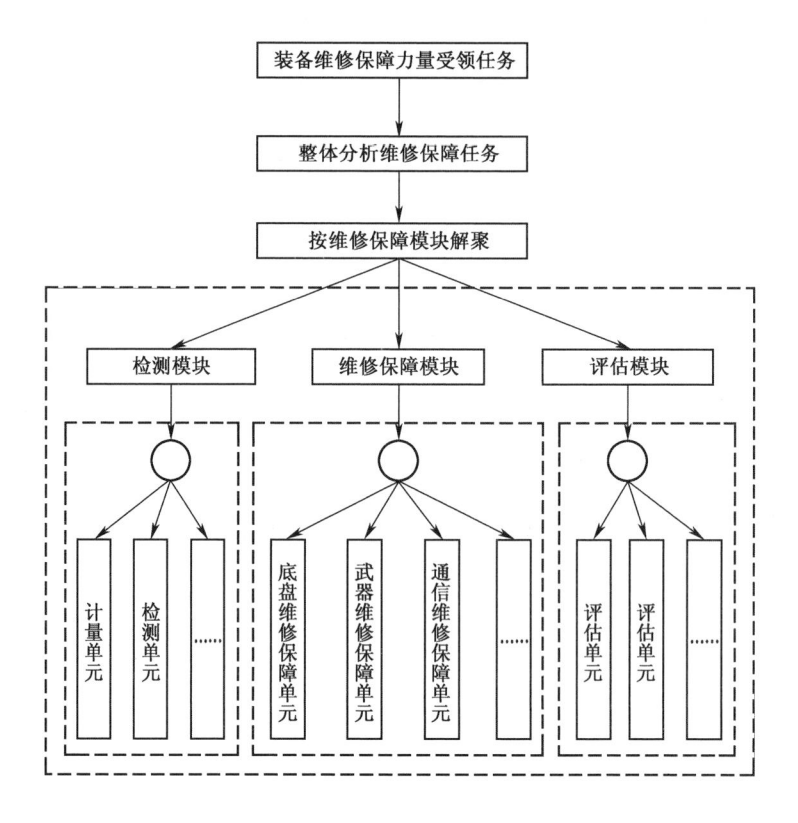

图6-11 装备维修保障力量聚合体基本解聚过程示意图

检测模块的主要任务是对待修装备进行修前检查测试,确定受损区域和待更换模块;维修保障模块的主要任务是完成装备受损器件的更换和修理;评估模块的主要任务是完成修竣装备的试运行和装备性能测试评估。可以通过霍尔三维结构表示装备维修保障力量、维修保障任务和专业属性之间的关系,如图6-12所示。

在图6-12中,装备维修保障力量和装备维修保障任务之间是按照功能关系相互映射的,通过这种关系,可以为初步实现装备维修保障任务与装备维修保障力量由定性描述向定量分析转变奠定基础。为进一步说明这种关系,可以通过建立维修保障专业和维修保障任务的矩阵,分析所需装备维修保障力量类型和数量,见表6-2所列。

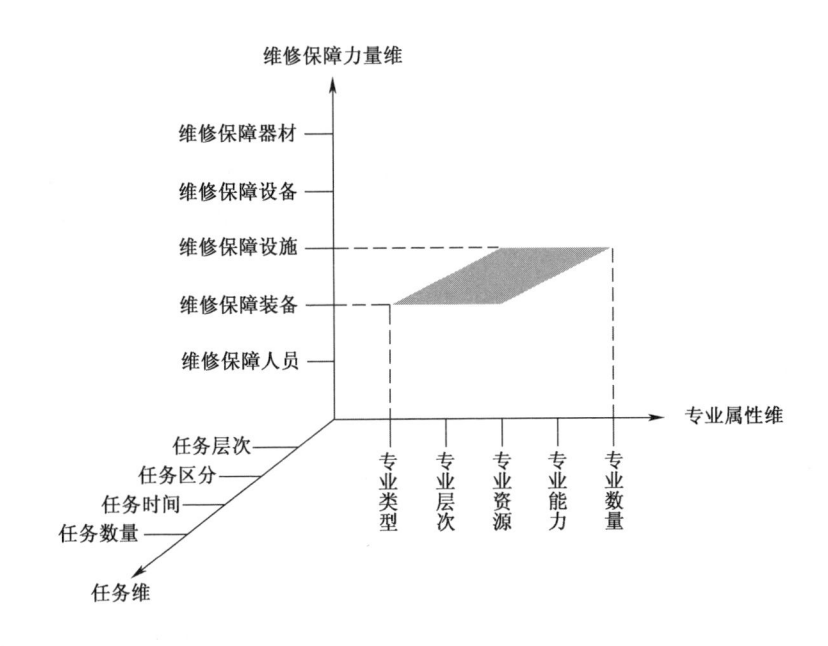

图 6-12 装备维修保障力量和装备维修保障任务的映射关系

表 6-2 维修保障专业与待修装备的映射关系

| 维修保障专业 待修装备 || A1 || A2 ||| … |
|---|---|---|---|---|---|---|---|
| || A11 | A12 | A21 | A22 | A23 | … |
| B1 | B11 | ● |  | ● |  | ● | … |
|  | B12 |  | ● | ● |  |  | … |
| B2 | B21 |  | ● |  | ● |  | … |
|  | B22 |  |  | ● |  |  | … |
|  | B23 | ● |  |  | ● | ● | … |
| … | … | … | … | … | … | … | … |

## 四、模块化力量聚合编组过程

部队级装备维修保障力量聚合编组是在装备维修保障作业任务解聚的基础上,把对应的专业工种进行聚合,根据需求选择维修保障单元模块,动态组配形成具有一定功能的装备维修保障力量的过程,如图 6-13 所示。

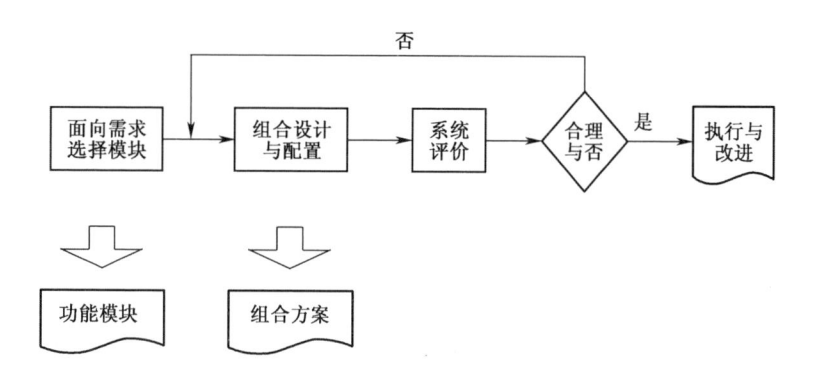

图 6-13　部队级装备维修保障力量编组过程

在组合设计与配置维修保障力量时,首先,可以根据外部环境和自身内部因素的变化结合实际情况微调,达到满足动态需求的目的。然后,可以通过系统评价的手段对编组实施监控,通过选择任务完成率、组织有序度、专业融合度等指标。最后对编组的规模结构进行评价,找出不合理的因素,必要时进行重新编组。

随需自组织装备维修保障力量作业编组,不同于传统装备维修保障作业模式力量的预先设置、可组合性差等特点。随需自组织编组是在装备维修保障需求随时变化的情况下,由装备维修保障力量按需拼组、自适应更换,这在应对动态性和复杂性上具有明显优势。可以说,基于模块化随需编组的装备维修保障作业活动是装备维修保障力量主动适应自组织理念下的活动。

针对平时需求和战时任务,通过聚合解聚的方法,首先可以确定某维修保障任务需要的装备维修保障单元类型和数量,然后把对应的专业工种进行聚合,最后可以得出基本的装备维修保障编组方案。以某营战时装备维修保障作业编组方案为例,见表 6-3 所列。

表6-3 某修理营战时装备维修保障编组示例

| 序号 | 编组 | | 负责人 | 所属单元 | 配属人员 | 保障装备 | 任务分工 |
|---|---|---|---|---|---|---|---|
| 1 | 营指挥组 | | | | 某…(3人) | 指挥车 | 负责装备维修保障行动的组织指挥 |
| 2 | 待修装备接收组 | 洗消单元 | | | 某…(4人) | 运输车 | 负责对受沾染待修装备进行清洗消毒 |
| 3 | | 技术检测单元 | | ①②… | 某…(6人) | | 负责检查装备受损程度,并确定修理类别和方法 |
| 4 | | 评估单元 | | | 某…(3人) | 汽车抢修车 | 对损坏装备进行技术评估和分类 |
| 5 | 基本维修保障队 | 火炮抢修组 | | ①②… | 某…(6人) | 火炮检测车、火炮抢拆装车 | 武器装备应急抢修和定点抢修任务 |
| 6 | | 光学仪器抢修组 | | ①②… | 某…(5人) | 光电检测车 | |
| 7 | | 雷达抢修组 | | ①②… | 某…(5人) | 雷达检测车 | |
| 8 | | 轻武器抢修组 | | ①②… | 某…(6人) | 武器修理车 | |
| 9 | | 通信装备抢修组 | | ①②… | 某…(6人) | 修理工程车、运输车 | |
| 10 | | 特种装备修理组 | | ①②… | 某…(20人) | 修理工程车 | |
| 11 | | 车辆底盘修理组 | | ①②… | 某…(26人) | 汽车修理车、运输车 | |
| 12 | | 装甲底盘修理组 | | ①②… | 某…(20人) | 装甲拆装工程车、装甲能源工程车 | |

(续)

| 序号 | 编组 | | 负责人 | 所属单元 | 配属人员 | 保障装备 | 任务分工 |
|---|---|---|---|---|---|---|---|
| 13 | 机动抢修队 | 武器抢修组 | | ①②… | 某…(3人) | 汽车抢修车 | 负责机动中的伴随维修保障和配置地域的应急抢修任务 |
| 14 | | 车辆抢救组 | | ①②… | 某…(8人) | 16吨吊车、牵引车 | 负责重损车辆抢救拖救任务 |
| 15 | | 指挥组 | | | 某…(3人) | 运输车 | 加入装备维修保障指挥所,负责装备抢救抢修的指挥协调 |
| 16 | 支援维修保障队 | 武器装备抢修组 | | ①②… | 某…(5人) | 武器修理工程车 | 负责武器装备的应急抢修任务 |
| 17 | | 轮式底盘抢修组 | | ①②… | 某…(20人) | 装甲拆装车、装甲检测车 | |
| 18 | | 履带底盘抢修组 | | ①②… | 某…(20人) | 装甲拆装车、坦克抢救车 | |
| 19 | | 特种装备抢修组 | | ①②… | 某…(20人) | 运输车 | |
| 20 | 供应组 | 器材库 | | | 某…(11人) | | 管理、供应抢修器材 |
| 21 | | 弹药库 | | | 某…(2人) | | 保管、补给轻武器弹药 |
| 22 | | 油料库 | | | 某…(4人) | 运输车 | 管理、供应各类油料 |
| 23 | | 后勤保障组 | | | 某…(20人) | 运输车、牵引车、炊事车 | 负责伙食保障 |
| 24 | 警戒防卫组 | | | | 某…(13人) | | 负责配置地域的警戒侦察和防卫 |

130

## 本 章 小 结

本章分析了陆军部队级装备维修保障力量的构成及编组基础,探讨了陆军部队级装备维修保障力量编组的形式;通过介绍陆军部队级装备维修保障力量编组的整体步骤,运用基于聚合解聚过程的装备维修保障力量作业编组的方法,为编组方案的制定提供了一种思路。

# 第七章　陆军部队级装备维修保障作业流程优化

完成装备维修保障作业任务,需要通过一系列作业流程实现。当前,各专业指导规范装备维修保障作业流程的资料很多,如《某型装备中修作业组织实施指导手册》《队属修理分队装备修理作业规范》等。随着陆军部队级装备维修保障转型加快推进,装备更新换代,装备维修保障作业流程亟待改进。本章着眼于装备维修保障效益的提高,从平时维修保障过程中的作业流程层面对装备维修保障作业模式进行分析研究,旨在对作业流程进行优化,进一步提升工作效率。

## 第一节　传统的装备维修保障作业流程介绍及问题分析

### 一、装备维修保障作业流程介绍

部队平时装备维修保障实施的基本流程:首先装备部门根据所属部队装备情况确定待修装备并拟制维修保障计划,对所属修理分队下达装备维修保障任务,装备使用分队和修理分队接到通知后进行装备交接;然后按照维修保障作业流程和技术工艺规范进行修理,最后修竣后进行装备交接,如图 7-1 所示。

在图 7-1 中,修理计划是装备部门根据装备年度使用、送修计划、修理能力和器材供应等情况拟制,按照时间划分主要有年度计划、月计划、调整计划和临时计划,按照类别划分主要有等级修理计

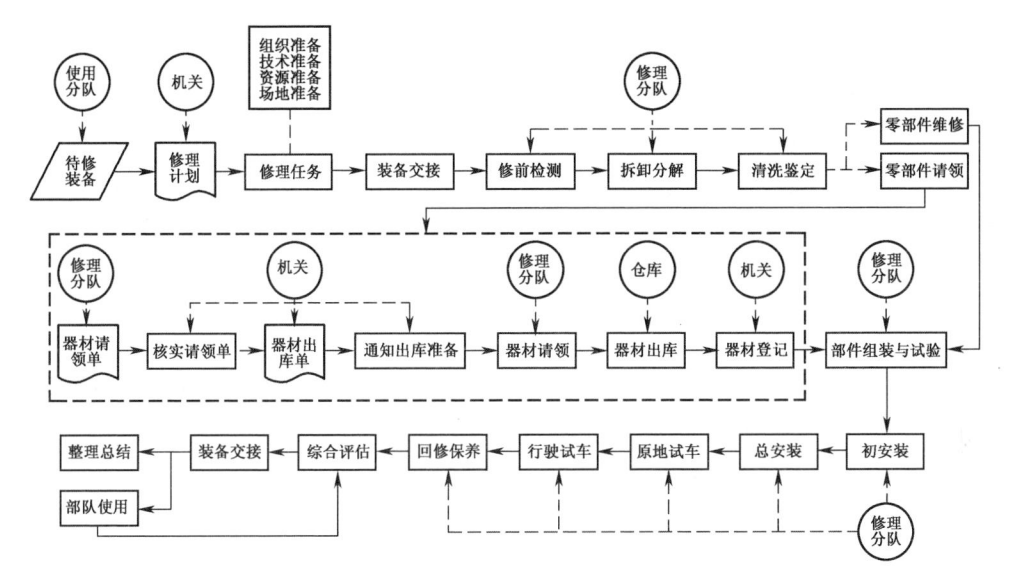

图7-1 部队平时装备维修保障作业基本流程

划、部件集中项修计划、巡修计划、加工计划等。修理分队生产计划主要有月份计划、周计划、补充计划。

修理作业准备是整个装备修理过程的重要组成部分,是顺利完成修理任务的前提和基础,其工作内容主要包括组织、技术、资源和场地准备。

修理作业的组织实施是装备维修保障工作的核心部分,包括各类型装备的作业调度、修理实施、质量管理和安全生产等。在具体的修理实施过程中,不同型号、类别的装备作业生产流程大致相同,基本按照检测、拆卸、清洗、修理、装配、试验(试车)、联调联试、回修保养的顺序进行。这也是本章重点介绍的部分。

修竣后的工作主要包括整理技术资料、维修保养设施及机工具、反馈质量信息、修理评估、总结上报等内容。

## 二、基于IDEF3的装备维修保障作业流程分析

对部队级装备维修保障作业流程分析,须要使用合适的模型对维修保障作业流程进行分析,从而使作业流程优化更具有针对性。常见的作业流程建模工具有流程图、IDEF系列、PETRI网等,其中

IDEF3 是一种专门为面向过程而开发的分析工具,易于学习和使用、易于分解和组合,可以分析不同详细程度的信息,容易被部队管理人员接收,便于研究分析[62]。

1. IDEF3 简介

IDEF(integration definition)是 20 世纪 70 年代发展起来的集成化计算机辅助制造方法。KBSI 公司将此方法发展为一个系列,即 IDEF0～IDEF14。其中,IDEF3 是第三代方法,是一种过程描述的方法。

IDEF3 方法主要包括两种模型,即过程流图和对象状态转换网图。其中,过程流图的基本元素包括行为单元、交汇点、连接、细化说明等。因此,主要采用过程流图的描述方法,具体如下。

(1) 行为单元(unit of behavior, UOB),描述活动的"进展情况",如图 7-2 所示。

| UOB名称 ||
| --- | --- |
| 节点号 | 参考号 |

图 7-2　行为单元

(2) 交汇点(junction),描述各活动间的关系,如"与""或""异或",如图 7-3 所示。

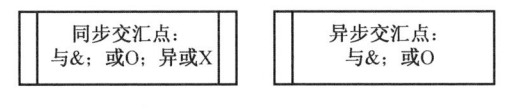

| 同步交汇点: | 异步交汇点: |
| --- | --- |
| 与&;或O;异或X | 与&;或O |

图 7-3　交汇点

(3) 连接(link),描述各活动的先后顺序,表现为带箭头的连接线,如图 7-4 所示。

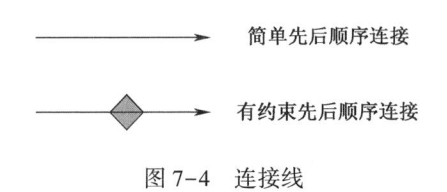

───────▶　简单先后顺序连接

───◆───▶　有约束先后顺序连接

图 7-4　连接线

(4) 细化说明(elaboration),提供 UOB 的特征,通常包括文标签、编号、对象、情况和描述,如图 7-5 所示。

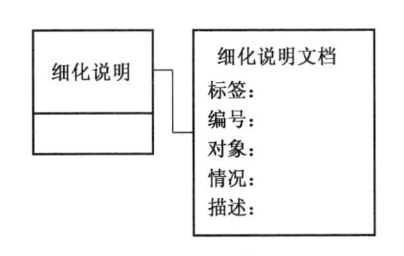

图 7-5　细化说明

## 2. 装备维修保障作业流程建模与分析

根据部队平时装备维修保障作业的一般流程,用 IDEF3 方法进行描述,如图 7-6 所示。

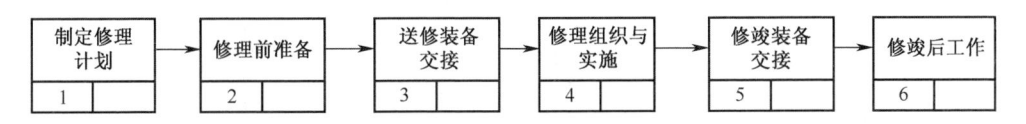

图 7-6　装备维修保障作业流程

在图 7-6 中,"修理前准备"通常可以进一步分解为下达修理任务、明确责任分工、技术资源准备等活动,如图 7-7 所示。

图 7-7　修理前准备

修理前准备是整个装备维修保障作业过程的重要组成部分,是顺利完成修理任务的前提和基础。其中,"技术资源准备"是一处重要环节,这里给出举例说明,如图 7-8 所示。

修理的组织与实施是重点内容,可以通过模型进一步的分解描述,如图 7-9 所示。

在图 7-9 中,每一步骤均可以进行细化说明,即说明对象、情况、内容描述等,如"回修保养"项目由修理工、钣金工、漆工具体实施,配齐工具、备品附件,清洁保养车体并喷漆,对整体车容车貌进行综合整治。

135

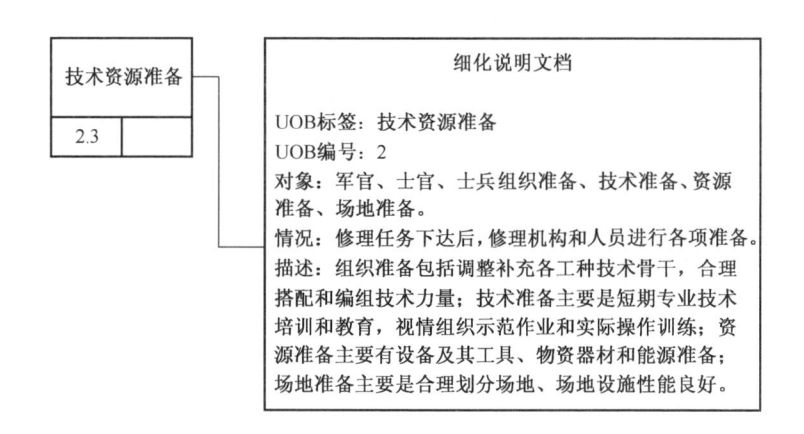

图 7-8 技术资源准备的细化说明

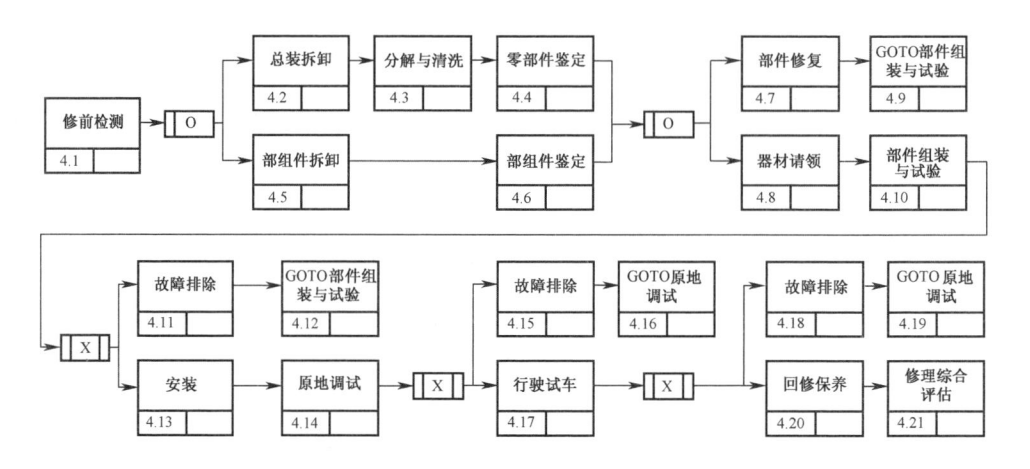

图 7-9 部队级装备修理工作流程分解图

### 三、装备维修保障作业流程存在的问题

通过对装备维修保障作业流程关键节点的描述和分析,现阶段部队级装备维修保障作业流程主要面临以下几个问题。

(1) 网络应用程度不高。一方面是装备活动信息传递效率较为缓慢。在装备维修保障信息处理中仍然存在横向难以共享、纵向不易沟通等问题。机关、作战分队、修理分队和器材仓库之间信息封闭,导致各单位之间的信息和器材设备通过人工沟通联系,装备维修保障各项业务需要逐层上传下达才能开展,造成装备维修保障作业流程运行的效率无法有效提升;另一方面是装备维修保障业务系统利用率较低。虽然部分单位安装了现代化装备维修保障作业综合调度系统,促进了装备维修保障作业效率的提升,但该系统内部各工种专业约束性不强、标准不统一、维修保障作业信息融通困难,限制了调度系统发挥作用。

(2)装备维修保障作业组织不够灵活。一是在装备维修保障作业流程中部分节点较为集中。从装备维修保障作业流程实际运行中看,综合检测、任务分工、力量调配环节较为复杂,部件鉴定、器材请领业务在时间安排上较为集中,容易出现筹划维修保障工作冲突的情况,影响维修保障工作的开展。二是装备维修保障资源管理较为分散。当前,传统的按专业自主建设形成的装备维修保障资源还未完全融合,资源管理分散、利用率不高,直接影响了维修保障作业工作,特别是装备维修保障资源需求涉及较多工种时,维修保障职能按照原区域、传统程序依次进行,无法实现总体装备维修保障资源的科学化运用,造成了装备维修保障资源筹措不及时和供应效率低。三是装备维修保障运行结构不够合理。各项装备维修保障作业活动大多以串行为主,工作的开展仅能按照顺序展开,如果某一环节安排不当就会造成修理周期增长,若采用并行结构,则会提升装备维修保障作业的效率。

(3)随需自适应装备维修保障存在一些障碍。一是部分装备维修保障工作协调难度加大。虽然当前装备维修保障资源得到了整合,但是从总体上看,在新的装备维修保障体制中部分装备维修保障作业涉及的装备维修保障力量规模增大。与运用传统的建制装备维修保障力量不同,需要协调各单位、各类型的装备维修保障力量,在装备维修保障力量协调、工种管理方面增大了工作难度。二是传统装备维修保障作业方式难以改变。按照现行装备维修保障方式组织中修、小修,无论部件有无故障,都需要进行拆卸、分解、清洗、鉴定、组装、试验,常常造成人为故障,与基于状态监控的模块化装备维修保障制度不相适应。三是器材保障不够及时。虽然当前物资器材主要采取通用器材统供、专用器材专保、自筹器材统购的形式进行维修保障,但是个别问题仍未得到解决,主要表现修供联系不紧密、器材申领时间长、审批程序繁琐等情况,造成落实末端工作经常出现"等"的现象,导致装备维修保障作业无法同步进行。

# 第二节　装备维修保障作业流程应具备的特点和要求

## 一、装备维修保障作业流程的特点

根据流程管理理论可知,流程实际上是多个活动按照某种规则有序的集合,活动是基本元素,流程决定了活动运行的基本方式。因此,业务流程是一组以客户需求和相关资源为输入,为满足客户需求提供有价值的产品或服务为输出的相互关联的业务活动[60-61],如图7-10所示。

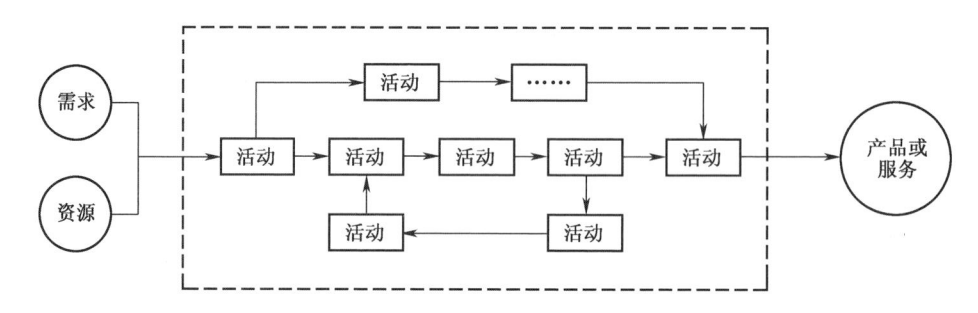

图 7-10　业务流程概念示意图

部队级装备维修保障作业流程作为修理分队一项经常性活动,是对人员、物资和信息等资源进行计划、组织、指挥和调配等一系列活动的集合,目的是获取一定的军事效益,有较强的原则性、可重复性、可分解性和自组织性的特点。

(1) 原则性。部队每项装备的维修保障作业流程都有明确的规范,需要达到什么样的标准、进展到何种程度,规范化作业的是维修保障作业流程组织实施的基本前提。从部队级维修保障作业流程的总体上看,其原则就是分工合理、职责明确,抓住维修保障作业的重点实施程序优化,实现保障有力、效益提升。

(2) 可重复性。部队级装备维修保障作业流程是动态的、可重复的,一项维修保障作业结束后,紧接着开始下一项维修保障作业,活动与活动的表现形式可以是串联、并联、混联,作业活动的输入到输出是价值增值的过程,如图 7-11 所示。成熟的作业流程具有很强的可操作性、可重复性和高效性,并随着人员素质的提高和技术的改进呈螺旋式上升的趋势。

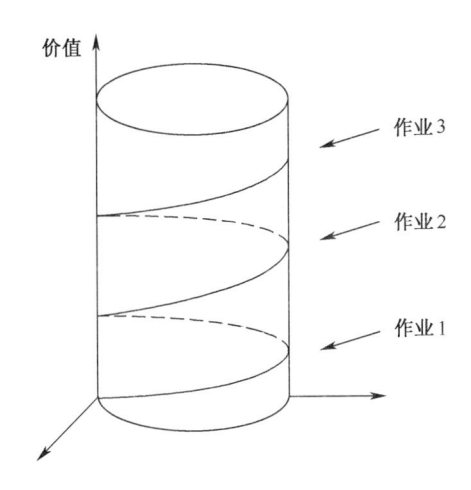

图 7-11 作业活动的输入到输出价值增值示意图

(3) 可分解性。部队级装备维修保障作业流程需要按照修理范围、工艺、图纸要求和技术条件组织实施,其作业流程一般严格遵守操作规程,每一阶段工作流程可以细分为多类别、多工种的操作流程。例如,雷达装备中修作业流程,部件调试流程可以分为多系统调试流程,如图 7-12 所示。

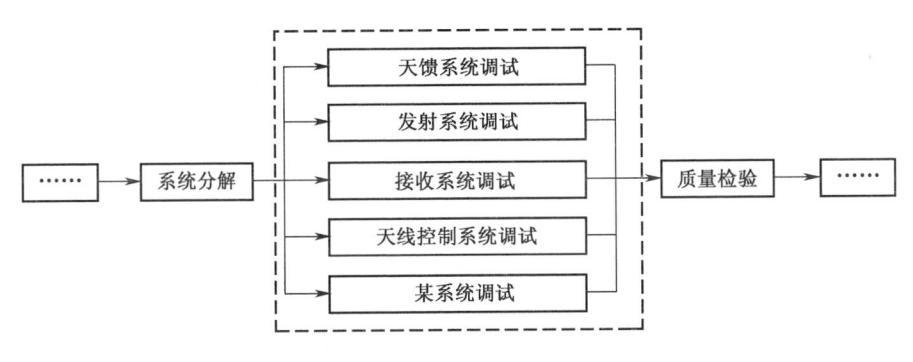

图 7-12 某型号雷达部件调试流程图

(4) 自组织性。部队级装备维修保障作业流程的自组织性特点主要体现在维修保障力量能够在内外因素的相互作用下自发组织起来,有序开展作业。具体地说,在规则标准基础上,由装备保障信息网络中心对作业需求进行分析处理,为装备维修保障指挥提供决策依据。在随需制定装备维修保障计划方案后,首先维修保障力量模块进行动态编组,形成适合的维修保障力量;然后按类别、分步骤实施精确维修保障作业活动;最后任务完成对保障效能进行评估,如图7-13所示。

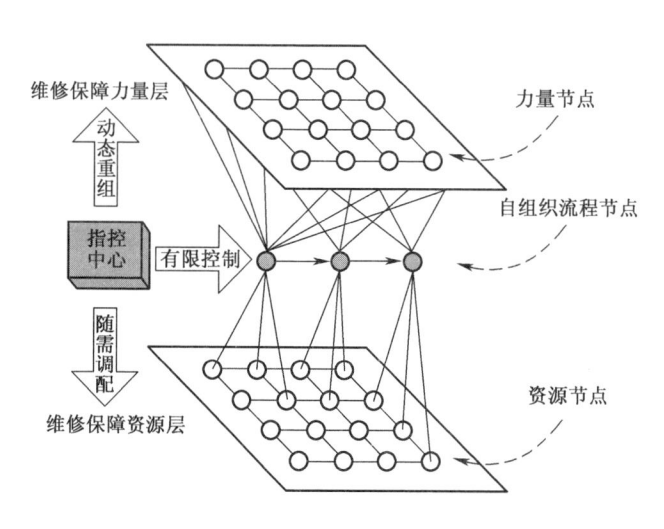

图7-13 装备维修保障自组织流程节点示意图

## 二、装备维修保障作业流程的要求

随着陆军部队转型建设的深入推进,装备维修保障对象和体制发生了深刻的变化。部队机关由"后装合并"向"结构重组"进行转型,基层修理分队由"基于型号专业"向"基于能力任务"进行装备维修保障力量重塑。这些变革对于装备维修保障作业流程提出了新的要求。

(1)机关部门精简,促使装备维修保障作业流程必须有机融合。从组织结构上说,后勤部和装备部合并重组为保障部,进一步实现了保障部内部业务部门整合为职能部门,保证了政治工作和行政管理的合并;从业务职能上说,实现了相关业务的融合,职责范围更加明确,如装甲、军械、车辆等业务部门的装备管理职能统一整合为装备管理处(科),维修保障职能统一整合为装备维修处(科)等,作业流程体系的职能划分得到重塑优化。这些变化要求各部门进一步协调、装备维修保障作业流程进一步优化,如图7-14所示。

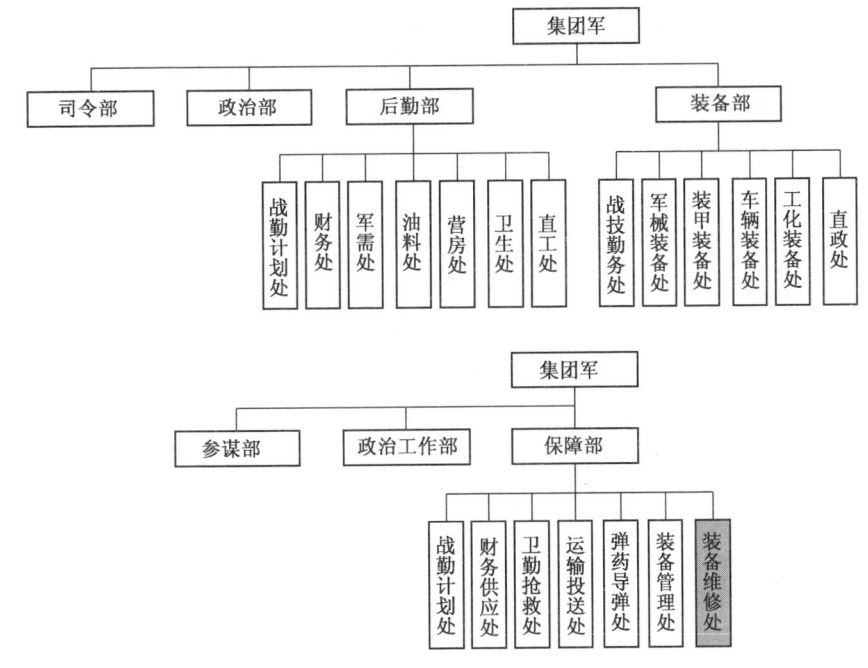

图7-14 集团军后勤机关和装备机关合并结构图

（2）部队专业调整,促使装备维修保障作业流程必须合理统筹。部队级修理分队通过优化岗位设置和班组编配,将分散管理的工程、防化、通信、后勤等兵种装备维修保障力量整合到修理营(连);将传统的装甲、军械、车辆等兵种设置的修理班组,调整为底盘、上装、特装等各兵种共性维修保障对象设置,改变了传统的按建制组织作业模式,提高了装备综合维修保障能力。这种整合调整要求维修保障作业必须根据装备特点、性质和要求,对作业运行层次进行合理规划,使作业运行更加顺畅。以某勤务支援旅修理营为例,如图7-15所示。

（3）资源融合调整,促使装备维修保障作业流程必须注重效率提升。部门的整合和基层装备维修保障力量的重塑使维修保障资源得到了统用、统管,各种建制由自成体系的分散决策转变为统一决

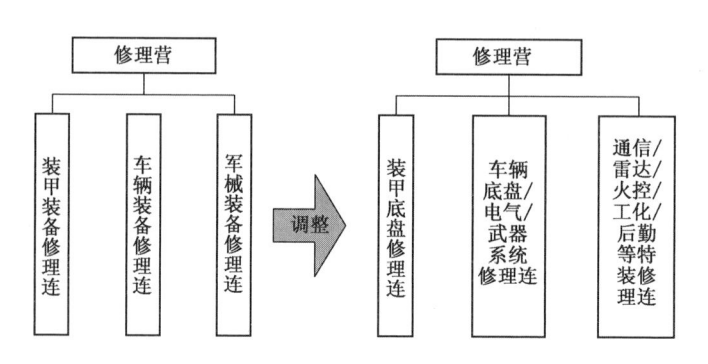

图 7-15 改革前后某修理营专业设置图

策,大幅度增加了维修保障总量和难度。因此,为了提升装备维修保障作业流程的效率,需进一步加快装备维修保障部队的综合集成建设,全力打通各部门上下级和同级的网络通道。同时,要把握装备维修保障作业流程运行特点,区分职责、明确程序,根据各型号装备维修保障作业目标特点,提升作业效率,使维修保障作业流程能够按要素、按功能同步展开,确保快速高效。

(4)网络信息体系建设发展,促使装备维修保障作业信息必须精确控制。基于网络信息体系的随需自组织装备维修保障要求装备维修保障侧重流程管理,增强组织、计划、决策、控制和反馈的职能,并强化系统分析和过程监控的功能。构建网络信息体系包括装备维修业务管理和装备维修保障作业位置均须配套信息采集设备;运用涵盖服务对象、固定场所、器材资源和移动节点等多方位的维修保障信息采集手段;依托局域网实现信息共享和在线办公,从而节约作业时间,减少维修保障作业文件的重复审批,形成装备数据的汇聚和应用能力。

## 第三节　装备维修保障作业流程优化方法

装备维修保障作业流程既要满足完成任务需要,又不能过于繁琐。装备维修保障作业流程过于简单会造成信息量不足,影响作业行动;装备维修保障作业过于繁琐会降低效率,造成维修保障资源浪费,制约维修保障力量的发挥。

依据部队基层装备维修保障作业运行的现实情况,调整作业运行方案,合理优化结构,对装备维修保障作业要素进行协同,有利于改变传统的作业流程串行结构,促使各种装备维修保障力量、各类型号装备能在同一场地、不同区域,同步开展维修保障作业。部队可以通过以下四个方面对装备维修保障作业流程进行优化,如图 7-16 所示。

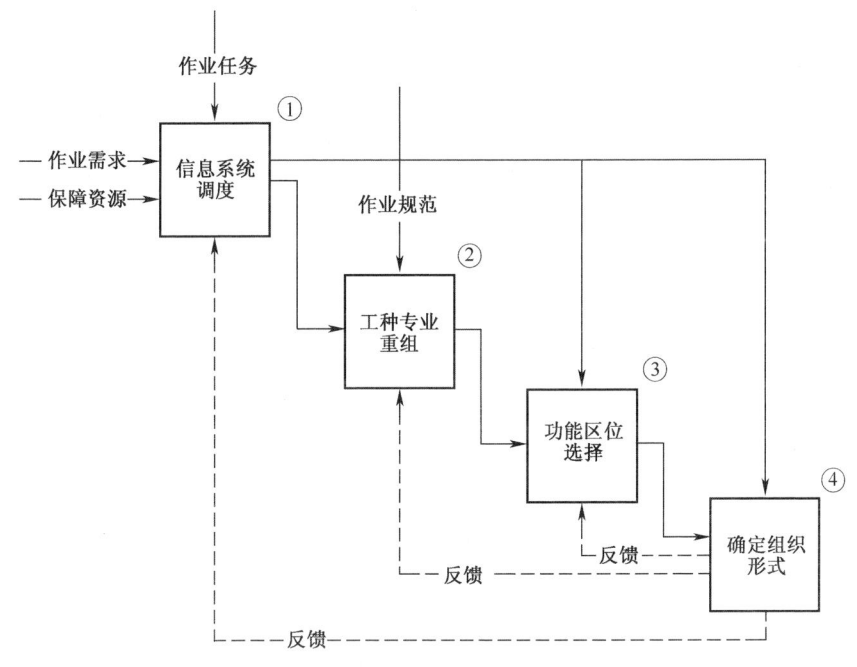

图 7-16 装备维修保障作业流程优化方法

（1）在装备维修保障信息传递上,利用网络信息体系实施作业调度。信息流和物质流的传递,需要利用装备维修保障网络实时掌握维修保障作业情况,通过装备维修保障"网络平台"支持的服务应用,围绕管理、供应、修理等业务,实现自组织定制、多级在线、信息交互的调度,从而保证装备维修保障作业信息的互联互通和流动速度,为装备维修保障作业效率提升提供网络支撑。

（2）在装备维修保障专业结构上,重组工种模块实施作业。在装备维修保障作业流程中的工种进行动态重组、专业进行融合,建立合理的专业分工体系,突出规范化、标准化处理,提高作业流程的协调和控制水平。例如,针对同时开展修理的多个装甲车辆、轮履自行

143

火炮、工程机械和通用车辆等大型装备,首先在修理前对整机进行评估检测,将装备拆卸分解为底盘、武器系统、电气、通信光学、特种等部分并进行标记分类;然后部署到各自的专业区域,由相应的维修工种集中作业,对于部件焊接、表面喷漆等共同任务,则有相应工种随需开展作业。这样能有效避免"忙闲不均"和"人等装"的情况。

(3)在装备维修保障作业区分上,依据特殊功能实施作业。对于一些由少量工种能够完成维修保障任务的装备,如通信、电子对抗、测绘、无人机等高新技术装备,按照特殊的功能区域场所设置作业场所,依据各自的修理规范开展维修保障作业。在装备维修保障作业实施过程中,将这些工种专业的修理计划、修理内容和器材情况通过综合调度控制台进行屏幕显示,使维修保障人员能够掌控作业进度和时限,如图7-17所示。

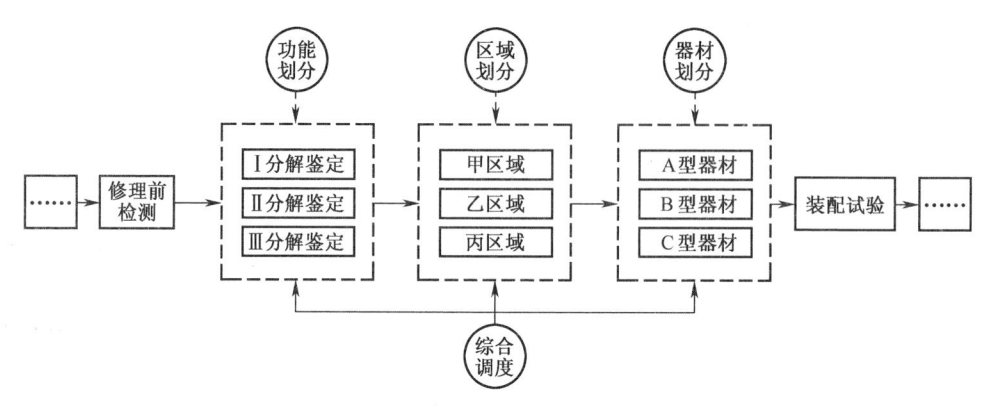

图7-17 依据功能区域开展装备维修保障作业示意图

(4)在装备维修保障组织形式上,依据装备复杂程度实施作业。依据装备的技术特点,按照修理范围、工艺规程、图纸及技术条件的要求合理确定组织形式。例如,针对轮履装甲、自行火炮和通用运输车辆等装备需要进行底盘维修,采用并联流水的作业方式,把相应的工种分布在若干阶段,每一个阶段完成固定范围内一定数量的工作,在修装备通过各个阶段,其修理工作全部完成,这样能充分利用工具、设备实现机械化操作。针对夜视仪、电台等装备,采用分组包干的作业方式,利用较少的人力和设备完成修理任务,这种方式适合组织简单、受场地限制较小但对技术水平要求高的维修保障作业。

综上所述,调度是重点,对装备维修保障作业流程起着组织协调作用;工种专业重组是关键,通过各工种的优势互补可以有效缩短装备维修保障时间;功能区域和组织形式选择是手段,充分利用各区域的设施设备有利于提高装备维修保障资源的利用率。

## 第四节 装备维修保障作业流程优化的实现途径

平稳有序的自组织运行是装备维修保障作业流程的要求。本章第三节从调度、专业重组、区域选择、组织形式方面分析了装备维修保障作业流程优化的一般方法。此外,还需要对作业流程运行条件进行不断地完善,从组织形态、维修制度、器材请领、维修手段视角深入分析装备维修保障作业流程优化的实现途径,即基于网络信息体系的随需自组织装备维修保障作业的实现途径,从而提高部队级装备维修保障作业流程运行的控制水平。

(1) 全面构建网络信息体系,推进装备维修保障作业组织形态转型。围绕提高装备维修保障效益、加强信息集成,通过完善装备维修保障网络,加强装备维修保障感知和响应建设,建立依网活动、依网决策的装备维修保障运行规则,实现装备维修保障作业流程各个环节自组织、自协同,逐步精简装备维修保障环节,改革传统的人工上报和下达、程序烦琐的装备维修保障组织形态,实现装备维修保障信息共享,减少装备维修保障等待时间,提升装备维修保障效率,如图7-18所示。

在图7-18中,每一个模块可以加载分模块,如装备维修保障模块可以细分为计划模块、检测模块、器材需求模块、故障统计模块等。通过构建和完善装备保障信息系统,实现维修保障信息融合、横向共享、纵向互通,缩短装备维修保障作业信息传递的时间,为装备维修保障作业流程的运行奠定基础。

(2) 健全、建强装备维修保障手段,推进装备维修保障设备体系化转型。基于新体制和装备体系确立维修保障设备型谱、配套标准和管理要求,转变数量规模主导的装备维修保障作业模式,为随需自组织装备维修保障作业提供有效的手段支撑,确保满足任务要求和

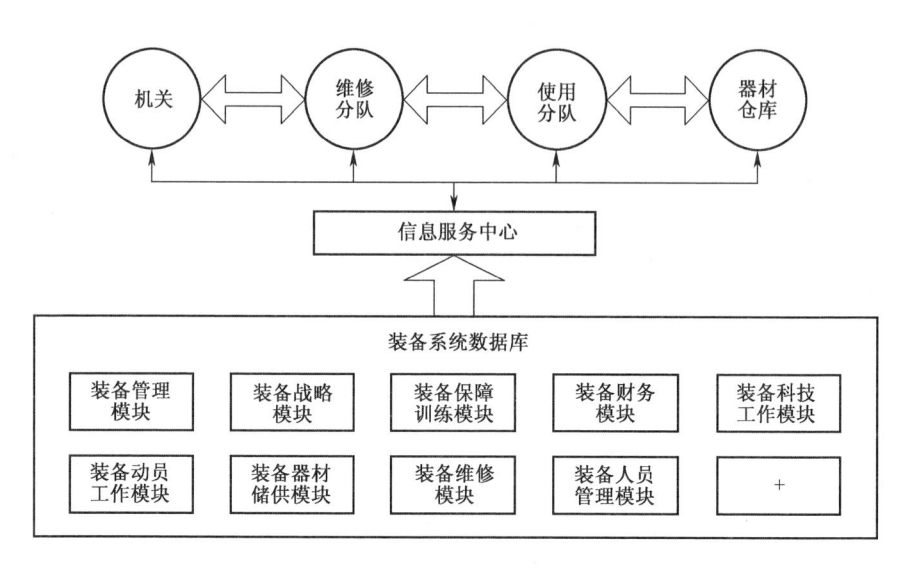

图 7-18　基于网络的装备维修保障业务协同示意图

维修保障资源利用效益最大化。具体是按照型谱化、便携化和模块化进行建设,见表 7-1 所列。

表 7-1　装备维修保障手段基本要求

| 序号 | 要　求 | 描　述 |
|---|---|---|
| 1 | 型谱化 | 按照兵种融合、专业统合思路,对各类维修保障设备进行优化整合和升级,构建基于任务的设备型谱,包括保养、修理、检测、信息管理、计量、能源补给、训练等设备 |
| 2 | 便携化 | 按照小型智能、野战机动思路,采用新技术、新材料、新工艺,方便平时管理、适宜野外训练和战时携行、有利于快速展开,满足平时管理需要和战时抢救抢修快速机动需要 |
| 3 | 模块化 | 按照功能组配、集装配置的思路,依据维修保障设备的功能和属性,采用"基本型+拓展型"的模式,使得功能相近共用、功能缺失互补,满足不同装备维修保障作业需要 |

（3）创新发展装备维修保障要素内涵,推进装备维修保障作业制度转型。以网络信息体系和新一代综合检测技术为支撑,统筹建设共性和专业特性,改革修理方式。一是个别零部件到达修理期限,但整体装备完好的情况,以修前检测数据为依据,改变传统整装分解结合的维修保障方法,尽量减少待修装备的深度分解和反复装配,避免装备的人为损坏。二是部分零部件修复的任务,转变为部组件更

换方式，实现模块化修理，缩短维修周期。本单位的装备维修保障任务，在修理过程中作业流程类型，一般可以分为以下几类，见表7-2所列。三是调整装备维修保障策略，实现由机械化时代单一装备维修保障策略向信息化时代精准装备维修保障策略转型。从技术特征看，第一代装备结构简单，以机械部件耗损为主要故障模式，需要按照装备可靠性寿命周期设计指标，进行定时定程的预防性维修恢复和保持装备的战术技术状态。第二代装备机械结构相对复杂，配有一定的电子设备是现阶段装备维修保障的主要对象，仍然以定时定程的预防性维修为主要策略。第三代装备机械化、信息化复合一体，自动化、智能化程度高，装备故障机理规律性和随机性并存，需要执行定时定程的预防性维修与基于装备健康状态检测监控相结合的视情修理制度。

表7-2 装备维修保障作业流程类型划分

| 类别 | 含 义 | 装备技术特征 | 适用时机 | 示例 |
| --- | --- | --- | --- | --- |
| Ⅰ | 整装分解结合，全面维修保养，配齐备品附件 | 第一代 | 平时 | 59式坦克，解放运输车 |
| Ⅱ | 整装大部分解结合，部分维修，更换个别部组件 | 第二代 | 平时/战时 | 自行火炮，轮式装甲车 |
| Ⅲ | 个别部组件拆卸、维修、更换 | 第三代 | 平时/战时 | 99式坦克，雷达，无人机 |

（4）调整优化维修保障器材类型，推进请领方式转型。在修理过程中的零部件或部组件更换环节，一般是修理机构首先向上级报告、提出器材需求；然后机关开具相应器材出库审批单并通知器材仓库；最后修理机构到仓库办理手续请领器材。每种器材的审领都需要经过这种程序，导致修理分队必须得到批复才能继续开展工作，造成了人力和时间浪费。所以，可以将不同的器材需求合理划分，采用基于"损耗率-价值"关系的方式，简化审批手续；请领时采取不同的审批权限和对策，从而有效缩短装备维修保障等待时间，见表7-3所列。

表 7-3 维修保障器材请领类型

| 类别 | 器材类型 | 损耗率 | 价值大小 | 审批权限 | 示例 |
|---|---|---|---|---|---|
| A | 直接请领 | 大 | 小 | 仓库保管员 | 铁丝、手套、焊条 |
| B | 核销请领 | 较大 | 较小 | 助理员 | 履带、轮胎 |
| C | 交旧请领 | 较小 | 较大 | 助理员 | 负重轮、方向机 |
| D | 审批请领 | 小 | 大 | 处/科长 | 发动机、电台 |

在表 7-3 中，直接请领器材属于消耗品，由于损耗率高、价值相对偏小，审批请领意义不大，按需请领供应即可；核销请领器材属于一般损耗器材，可以先请领使用再进行检查核销，修理分队按需请领，机关检查督促修理分队使用交旧即可；交旧请领器材一般指可以修复或后送的待修件，由机关相应助理员进行审核；审批请领器材属于价值较大，不易损耗的部组件，须部门领导审核把关，严格控制。

通过实施上述措施，装备维修保障作业流程优化如图 7-19 所示。

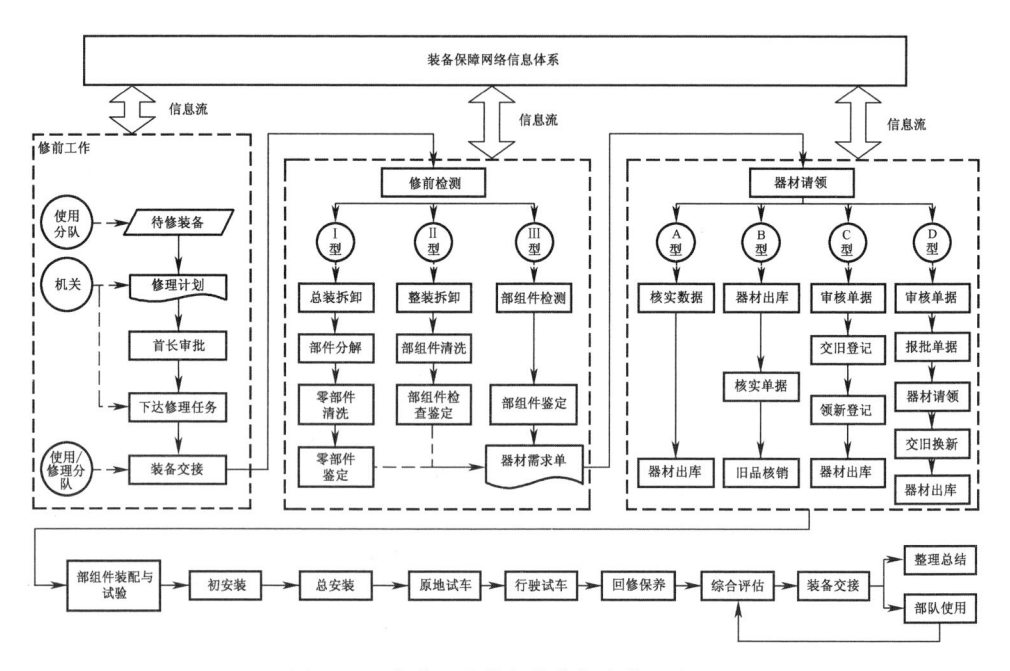

图 7-19 优化后的装备维修保障作业流程

在图 7-9 中，装备维修保障工作流程优化前后相比较变化不大，但在实际工作中,会缩短修理周期、提升维修保障效率。因为强调了修前检测环节和改进器材请领环节,所以只有通过检测表明需要维修的部件,才能够拆卸、分解和组装,部分部件就无需拆卸、分解作业流程,这样可以有效减少各工作环节的等待时间。

## 本 章 小 结

本章分析了部队级装备维修保障作业的一般流程,针对装备维修保障周期过长、资源浪费等问题,选择 IDEF3 作为装备维修保障作业流程建模工具,结合部队工作实际进行建模分析。本章指出保障当前装备维修保障作业的一些瓶颈问题,通过全面构建网络信息体系、健全建强维修手段、创新发展维修保障要素、优化器材请领方式为着眼点,提出了装备维修保障作业的优化途径。

# 第八章　陆军部队级装备维修保障作业模式评价

装备维修保障作业模式评价是检验、评定其作业模式的运行状态及效能，实质是评定装备维修保障作业系统的功能，是构建装备维修保障作业模式的有效监控手段。为了分析装备维修保障作业模式存在的问题，需要对现行的装备维修保障作业模式进行评价，找出制约模式的瓶颈；对装备维修保障作业模式优化后，也需要对其作业模式的运行状态进行评价，检验该模式的改进是否达到预期目的和效果。本章主要针对装备维修保障作业模式在规定条件下完成任务的能力进行评价，围绕评价的相关理论、指标体系构建和综合评价方法进行探讨研究。

## 第一节　陆军部队级装备维修保障作业模式评价概述

### 一、装备维修保障系统效能及评价

1. 装备维修保障系统效能

效能的一般概念是一个系统满足一组特定任务要求程度的能力，或者系统在规定的条件下达到规定使用目标的能力。

任何一个系统都具有效能，装备维修保障系统作为装备系统的一个子系统，也具有一定的效能。装备维修保障系统的最终目标是采取有效手段，及时恢复故障装备的性能，保持武器装备的战备完好率和任务完成率，满足部队对武器装备使用的要求。可以认为，装备维修保障系统效能是在各种装备维修保障资源的基础上，通过有效的运行，增加和创造的所有军事价值和经济价值的综合，是对系统取得成果、管理水平、资源建设和发展潜力的全面反应。

2. 装备维修保障系统评价

评价既是一种手段,也是一种行为,是指按照预定的目的,确定研究对象的指标,并将这种指标变为客观定量的数值或主观效用的行为。效能评价的本质是对系统总体能力进行综合分析与评价,是一种定性与定量相结合的系统评价方法。

装备维修保障系统效能评价是明确装备维修保障系统效能目标,确定装备维修保障系统效能评价指标,对该指标进行定性和定量的测量,并对测量结果进行分析利用的过程。通过这个过程,解释装备维修保障系统工作的效果和发展潜力,发现该系统存在的问题和薄弱环节,改进装备维修保障系统。

从某种意义上说,评价装备维修保障系统的效能也是衡量装备战斗力水平高低的有效手段。开展装备维修保障系统效能评价研究,科学客观的评价装备维修保障系统,不断完善装备维修保障系统,提高装备维修保障能力,不仅是部队平时建设的需要,更是打赢未来在高技术条件下局部战争的需要。

## 二、评价的要素

(1) 评价目标。评价目标服从并服务于装备维修保障作业体系的目标,按照装备维修保障系统的目标设计评价目标,通过确定评价目标促进装备维修保障任务统筹、力量编组和业务流程的优化,从而促进整个装备维修保障作业体系效能的提升。

(2) 评价主体。评价主体是参与装备维修保障作业体系效能评价的组织者和实施者,其构成人员身份多样有机关人员、专家、使用分队、厂家代表等,可以从不同角度对装备维修保障作业体系进行效能评价。因为专家对装备维修保障作业体系及评价有更为系统、深刻的认识,并且较为独立客观,所以在人员构成比例上,应以专家为主,其他人员为辅,突出专家在效能评价的主体地位。

(3) 评价客体。评价客体是指接受评价的单位,包括装备维修保障管理部门和装备维修保障作业实施机构。

(4) 评价指标。评价指标是进行效能评价的关键,是对装备维修保障作业体系各个方面的分层和细化。每一项指标从不同角度反映装备维修保障作业体系的某一个特性,所有指标应全面涵盖装备维修保障作业体系各个要素,共同构成评价指标体系,通过确定指标权重反映各个指标的重要程度。

(5)评价标准。评价标准是判断装备维修保障作业体系效能优劣的依据,是对装备维修保障作业体系进行价值判断的标尺。评价标准随着外部条件的改变,评价的目的、范围、尺度也会随之改变。因此,评价标准是不断变化的,只是在特定时间和范围内具有相对稳定性。

(6)评价方法。评价方法是实施装备维修保障作业体系效能评价的手段,是通过一定的模型将基本数据分类汇总,得出一个反映效能水平的综合结论。装备维修保障作业体系效能评估模式可以分为"指标体系""解析计算"和"建模仿真"三种。因此,针对部队级装备维修保障作业体系构成特点,选择构建适合的指标体系进行评价的方法。

评价的目标、主体、客体、指标、标准和方法六个要素,构成了装备维修保障作业体系效能评价的体系,它们之间互相联系、互相影响,共同服务于装备维修保障作业体系的总目标。

### 三、评价的原则

(1)综合性原则。装备维修保障作业体系的效能评价是对装备维修保障作业体系各个方面进行的综合评价,必须综合分析和考虑。一是遵循相关性的思路。对装备维修保障的任务统筹、力量编组、业务流程、取得效益和未来发展进行结合,并注意它们之间的相互关系。二是遵循定性和定量结合的思路。这样可以使评价的结论更加科学合理、符合常识。三是遵循通用可比性的思路。着眼评价的实用性,便于操作和对比。

(2)客观性原则。装备维修保障作业体系效能评价结果的质量直接影响上级机关装备维修保障的决策和本级装备维修保障作业机构工作的展开,也是为专家提供资料的重要途径。因此,效能评价必须客观、公正的反映事实。一是评价资料的真实性和全面性;二是评价方法的可行性;三是评价人员的代表性和各类人员比例的均衡。

（3）系统性原则。系统是有层次的,也是可以分解的。通过对装备维修保障作业体系效能总目标的分析,将总目标分解为分目标,通过对分目标的定性、定量分析落实总目标。为了分析各层次的目标实现情况,需要将评价指标进行分类、分层,进行多种指标评价,只有对各类指标进行综合评判,才能得出较为合理的结果。因此,评价指标体系应遵循系统性原则,同一级指标之间相互独立,同一级指标能系统全面地反映装备维修保障作业体系的某一方面效能。

### 四、评价的程序

评价程序一般按照下列步骤进行,如图 8-1 所示。

（1）明确评价目标。为了进行科学的定性、定量评价,需要反复调查研究系统的目标,考虑评价目标的具体事项、熟悉系统评价方案,了解各个评价方案的背景资料。

（2）分析系统要素。根据评价目标,收集相关资料和数据,对系统各个要素进行全面分析,找出评价的项目。

（3）建立评价指标体系。指标是衡量系统总体目标的具体标志。对于所评价的系统,必须建立能够对照和衡量各个方案的统一尺度,即评价指标体系。评价指标体系的选择要视评价系统的目标和特点以及评价的目的而定,必须尽可能全面地反映评价所要解决问题的各项目标要求,包括各项目标有关的因素,如性能、进度、费用、效益等。

（4）制定评价准则。在评价过程中,要对所确定的指标进行定量化处理,对于定性的描述,通常需要借助于模糊理论的概念和方法,评分就是最常用的一种简单方法,即按照具体情况分成若干等级,进行比较。

由于各种指标的评价尺度不一样,所以不同的指标,很难在一起比较。因此,必须将指标体系中的指标规范化,制定评价准则,根据指标所反映要素的状况,确定各种指标的结构和权重。

（5）选择评价方法。根据评价对象和评价目的的不同,按照系统目标与特点、系统功能、费用、效果的测定方法,以及评价目的、评价精度和评价准则等选择评价方法。

（6）单项评价。单项评价是根据评价目的将系统的某一个特定方面进行详细的评价,为解决系统某一个突出问题的决策提供信息。

（7）综合评价。综合评价是根据综合指标体系,利用各种模型和资料进行相应地计算,对各种可行方案进行全面比较,权衡利弊得失,从系统的整体观点出发,综合分析问题,选择适当并且可能实现的优化方案。

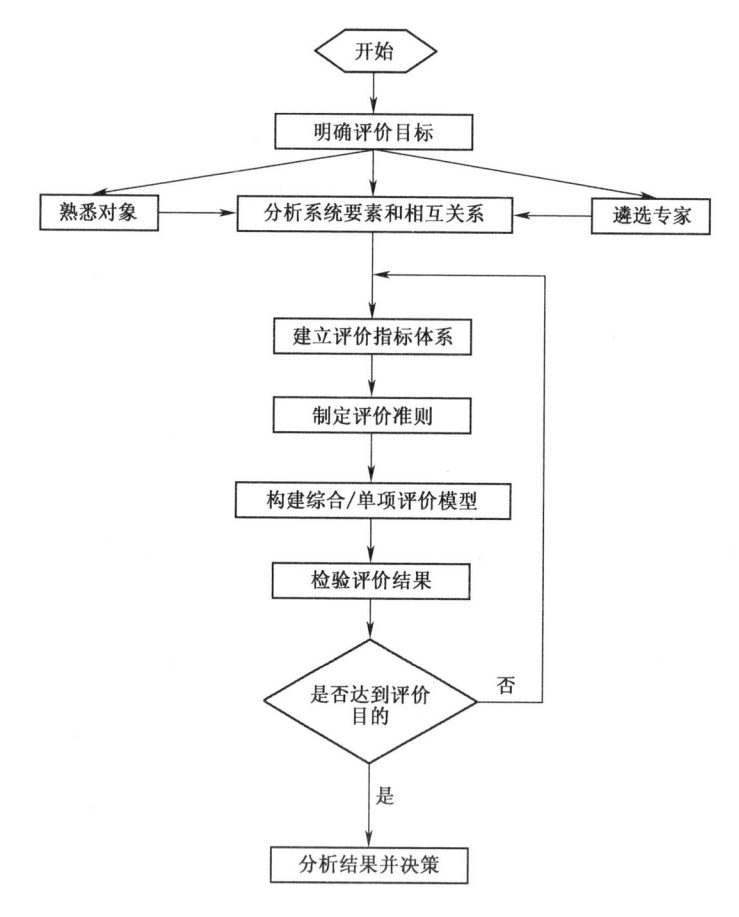

图 8-1 实施评价的一般步骤

## 第二节 陆军部队级装备维修保障作业模式评价指标体系设计

装备维修保障作业模式评价指标体系的建立,是开展装备维修保障系统效能综合评价的核心工作和基础内容。完备的装备维修保障评价指标体系是装备维修保障系统整体综合能力的体现。建立符合实际、科学合理的装备维修保障作业模式评价指标体系是装备维修保障作业模式研究的关键一环，通过一系列数据指标反映装备维修保障作业的运行情况和存在的问题。指标体系的建立，主要包括指标的选择、指标结构构建、指标的定性和定量分析等。

## 一、评价指标体系设计要求与步骤

评价指标必须全面反映所要评价系统的各项原则、要求，尽可能的做到合情、合理、符合实际，并且能被相关人员和部门接受。因此，建立评价指标体系需要在全面分析系统的基础上，首先拟定指标草案，然后经过广泛征求意见、信息交换、统计筛选和归纳总结等，最后确定评价指标体系。

1. 评价指标体系设计要求

针对部队级装备维修保障作业的非盈利性、高可靠性和高效率性特点，结合装备维修保障作业任务统筹、力量编组和业务流程等内容，建立装备维修保障作业模式的评价指标体系，应重点做好以下评价指标体系设计要求。

（1）体现装备维修保障作业核心任务完成情况。装备维修保障作业核心任务完成情况是装备维修保障系统职能的集中反映，通过修复率、完成率、满意率等指标，及时、精确地完成装备维修保障任务，满足部队对装备维修保障的需求。

（2）体现装备维修保障作业任务统筹情况。装备维修保障作业任务统筹情况是装备系统组织结构是否合理、运行是否顺畅的反映，是有效完成装备维修保障作业的支撑，任务统筹的适应性和灵活性对装备维修保障作业具有重要的影响。

（3）体现装备维修保障作业力量编组情况。装备维修保障力量是完成装备维修保障作业任务的基础，科学合理地编组装备维修保障力量有利于提高装备维修保障作业的效率。

（4）体现装备维修保障作业业务流程运行情况。装备维修保障作业业务流程运行情况反映了装备维修保障的效益，通过建立业务流程指标,可以找到装备维修保障作业模式中存在的短板,通过问题的解决对装备维修保障作业模式进行优化。

(5)体现装备维修保障作业模式发展前景情况。装备维修保障作业模式的发展前景包括先进技术的应用,人才资源的更新与保留,先进的装备维修保障管理思想等。通过选择和考虑装备维修保障作业模式的发展前景指标,既可以促进现阶段装备维修保障作业绩效的提高,又能够对装备维修保障作业模式的发展潜力进行前瞻性思考,有利于加强掌控核心装备维修保障能力建设。

2. 评价指标体系设计步骤

评价指标体系的构建过程实际上是一个系统分析问题的过程,同一个系统在不同环境、不同时期、不同评价主体的情况下,指标的设置可能不同,但基本上均遵循以下基本步骤,如图8-2所示。

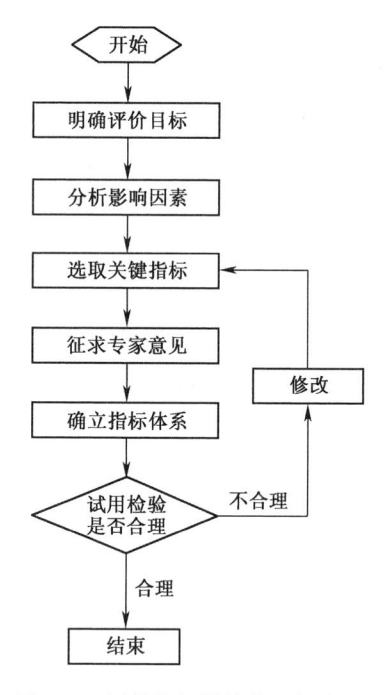

图8-2 评价指标设计的一般流程

(1)针对具体问题收集有关资料,提出评价目标和影响因素。

(2)分析并比较各个影响因素之间的相互关系,并对指标进行筛选。

(3) 确定指标之间的结构和层次,得出一般评价指标体系。

(4) 检验和修正指标体系。

## 二、基于综合协调理念的评价指标的选择

装备维修保障作业系统的维修保障能力取决于装备维修保障对象和作业系统两个方面。装备的可靠性、维修性等与装备维修保障相关的特性,决定装备维修保障的需求,构成装备维修保障系统各个要素(人力资源、备件和消耗品、保障设施设备、教学训练保障、技术软件资料、装备储存和运输所需的保障资源、计算机网络保障资源)的种类与数量,决定装备维修保障作业系统的能力以及所能提供的维修保障。因此,装备维修保障能力取决于装备维修保障作业系统的建设情况。

基于综合协调的理念,根据对装备维修保障系统的要素、资源分析,以满足部队级装备维修保障需求为内容,同时考虑系统自身的组织结构、力量和资源、作业流程等状态,可以将装备维修保障作业系统综合评价的一级指标设置为核心能力、组织结构、力量编配、作业流程、发展前景。核心能力反映系统的能力水平和存在的价值,如任务完成率、满意率等,用来考核作业模式达标情况;组织结构反映作业模式的结构是否简捷顺畅,用来考核作业模式组织水平;力量编配和作业流程反映作业模式的运转效率,用来考核作业模式运行情况;发展前景反映作业模式的发展趋势,如信息化水平、模拟训练等。这五个方面既有外部指标,也有内部指标;既有静态指标,也有动态指标,总体上提供了全面的装备维修保障作业系统综合效能框架,如图8-3所示。

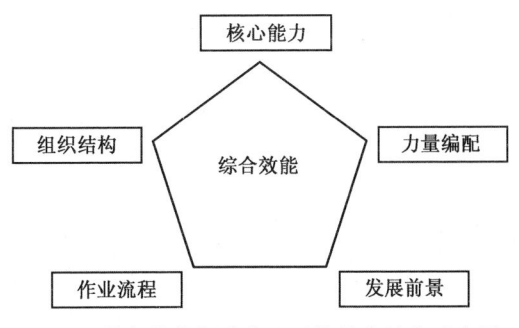

图8-3 装备维修保障作业系统综合效能示意图

结合装备维修保障作业系统综合评价的一级指标体系和影响装备维修保障作业的因素分析,可以进一步得到装备维修保障作业系统综合评价的二级指标。这些评价指标基本能够体现装备维修保障作业模式综合评价的主要目标。构建装备维修保障作业模式综合评价指标体系结构,见表8-1所列。

表8-1 装备维修保障作业系统效能评价指标体系

| 评价目标 | 一级指标 | 二级指标 | 定性/定量 | 说明 |
| --- | --- | --- | --- | --- |
| 部队级装备维修保障作业模式效能 | 核心能力 | 任务完成率 | 定量 | 已完成装备维修保障任务工时与任务总工时之比 |
| | | 修复率 | 定量 | 已修复的装备数量与应修复的装备数量之比 |
| | | 返修率 | 定量 | 返修的装备数量与已修复的装备数量之比 |
| | | 满意率 | 定性 | 送修单位对维修保障服务质量和服务态度的满意程度 |
| | 组织结构 | 任务统筹性 | 定性 | 装备维修保障任务统筹规划是否合理的程度 |
| | | 任务时效性 | 定量 | 维修保障任务在组织内部上传下达迅速程度的测度 |
| | | 任务准确性 | 定量 | 维修保障任务在组织内部上传下达准确程度的测度 |
| | 力量编配 | 人员编配率 | 定量 | 现有维修保障人员数量与应配备人员数量之比 |
| | | 人员专业水平 | 定量 | 达到相应专业技术资格等级的修理工数量与实际编配修理工数量之比 |
| | | 专业配合度 | 定性 | 各维修保障专业执行任务中的配合程度 |
| | | 资源配套率 | 定量 | 实际配备的资源数量与应配备的设施设备数量之比 |
| | | 资源共享率 | 定量 | 能满足三种以上专业维修保障需求的设施设备数量与实际配备设施设备数量之比 |
| | 作业流程 | 平均作业时间 | 定量 | 某类装备维修保障作业流程平均用时 |
| | | 平均空闲时间 | 定量 | 参与某类装备维修保障作业人员平均空闲时间 |
| | 发展前景 | 模拟化训练率 | 定量 | 实施模拟化训练科目数量与总训练科目数量之比 |
| | | 信息化建设 | 定性 | 建设网络节点和建设信息自动化情况 |
| | | 更新能力 | 定性 | 人员新老交替、装备更新换代、理念与时俱进的情况 |

装备维修保障作业系统综合评价的5个一级指标和17个二级指标的内涵如下。

1. 核心能力指标

核心能力的评价是装备维修保障作业模式评价的首要内容,核心能力反映装备维修保障工作的效果,主要包括任务完成率、修复率、返修率、满意率。其中,任务完成率和修复率主要体现装备维修保障作业的数量情况,返修率和满意率体现装备维修保障作业的质量情况。

(1) 任务完成率。任务完成率的定量指标表示在一定期间已完成装备维修保障任务工时与任务总工时之比。

(2) 修复率。修复率的定量指标表示在一定期间已修复的装备数量与应修复的装备数量之比。

(3) 返修率。返修率的定量指标表示在一定期间返修的装备数量与已修复的装备数量之比。

(4) 满意率。满意率的定性指标表示送修单位对维修保障服务质量和服务态度的满意程度。可以采用10分制对满意程度进行划分,如非常满意为9~10分,满意为7~8分,一般为5~6分,不满意为1~4分。

2. 组织结构指标

在部队级装备维修保障力量层次设置模式进行评价时,为了描述任务信息在组织结构中的流通速度和准确程度,引入结构熵的概念。"熵"来自热力学,1864年由德国克劳修斯提出。1882年玻耳兹曼发展了熵理论,并把熵解释为"失去的信息"。他对势力学系统进行分析,确定了熵是系统微观混乱程度的量度。熵是对于不确定信息的度量,值越小越好。

(1) 任务统筹性。任务统筹性的定性指标表示各专业装备维修保障任务筹划是否统一、安排是否合理。

(2) 任务时效性。任务时效性的定量指标表示任务信息在装备维修保障力量组织结构各个元素之间的传递过程中流通的效率。反映时效性的不确定性的度量用可以时效熵 $R$ 来表示,即

$$R = 1 - \frac{H^t}{H^t_{\max}} \quad (R \in [0,1])$$

式中：$H^t$ 为总的时效熵；$H^t_{\max}$ 为最大时效熵。

$R$ 越大，装备维修保障力量组织结构的时效性越高。

（3）任务准确性。任务准确性的定量指标表示在排除时间因素的情况下，任务信息在指挥组织结构各个指挥节点中流通时准确性大小的测度。质量熵是对信息不确定性的度量，可以用 $Q$ 来表示，即

$$Q = 1 - \frac{H^m}{H^m_{\max}} \quad (Q \in [0,1])$$

式中：$H^m$ 为总质量熵；$H^m_{\max}$ 为最大质量熵。

$Q$ 越大，装备维修保障力量组织结构的任务指挥质量越高。

3. 力量编配指标

力量编配是实施装备维修保障作业的重要基础工作，其编配程度是否合理，直接关系到装备维修保障作业的结果。

（1）人员编配率。人员编配率的定量指标表示现有装备维修保障人员数量与应配备人员数量之比。

（2）人员专业水平。人员专业水平的定量指标表示达到相应专业技术资格等级的修理工数量与实际编配修理工数量之比。

（3）专业配合度。专业配合度的定性指标表示各维修保障专业执行任务的配合程度。

（4）资源配套率。资源配套率的定量指标表示实际配备的资源数量与应配备的设施、设备数量之比。

（5）资源共享率。资源共享率的定量指标表示能满足三种以上专业维修保障需求的设施、设备数量与实际配备设施、设备数量之比。

（4）作业流程指标

作业流程是否顺畅对装备维修保障作业的实施有重要的影响。作业流程主要从流程的时间角度进行评价，包括平均维修保障作业时间、人员平均空闲时间。

（1）平均作业时间。平均作业时间的定量指标表示某类装备维修保障作业流程平均作业时间。

（2）平均空闲时间。平均空闲时间的定量指标表示参与某类装备维修保障作业人员平均空闲时间。

5）发展前景指标

装备维修保障作业模式的发展前景是否能为部队带来潜在的效能和在军事系统中的发展趋势，同时也表明该模式的生命力。

（1）模拟化训练率。模拟化训练率的定量指标表示实施模拟化训练科目数量与总训练科目数量之比。

（2）信息化建设。信息化建设的定性指标表示建设网络信息节点和建设信息自动化情况。

（3）更新能力。更新能力的定性指标表示人员新老交替、装备更新换代、理念与时俱进的情况。

### 三、评价指标的归一化方法

归一化也称标准化、规范化，是通过数学变换消除各个指标量纲影响的方法。

在综合评价过程中，一般各个指标的数值和单位是不同的。当各个指标之间的数值水平相差比较大时，如果直接用原始数据以及逆行计算分析，就会突出数值较高的指标在综合评价分析中的作用，相对削弱数值低的指标的作用，使各个指标以不等权参与运算分析，这样就给系统评价带来不便。为了尽可能地反映实际情况，排除由于各个指标的单位和数值数量级之间的差别带来的影响，必须对评价指标进行归一化处理，统一为值域是[0,1]的函数。

定量指标的归一化方法主要有直线型归一化方法、折线形归一化方法、曲线形归一化方法等。例如，直线型归一化方法运算的结果在原始数据呈正态分布的情况下比较合理，其特点与装备维修保障系统评价指标体系特点类似。

直线型标准化模型是假设标准化值 $y$ 和指标值 $x$ 之间是线性关系变化的。其归一化方法有

（1）极值法。利用指标的极大值和极小值计算指标的无量纲值 $y$，即

$$\begin{cases} y_i = \dfrac{x_i}{\text{MAX}x_i}, y_i = \dfrac{\text{MAX}x_i - x_i}{\text{MAX}x_i} \\ y_i = \dfrac{x_i - \text{MIN}x_i}{\text{MAX}x_i}, y_i = \dfrac{x_i - \text{MIN}x_i}{\text{MAX}x_i - \text{MIN}x_i} \end{cases}$$

（2）标准差标准化法。其计算公式为

$$y_i = \dfrac{x_i - \bar{x}}{S}$$

式中：$S = \sqrt{\dfrac{1}{n-1} \sum (x_i - \bar{x})^2}$。

对于定性指标而言，其表述的是评价客体处于何种状态，可以采用0~10分制进行打分。在确定分值时，通常首先按照比例或强弱程度进行打分，然后直接将分值除以10，可以得到该指标的归一化分值。

## 第三节　基于模糊综合评价的陆军部队级装备维修保障作业模式评价

部队级装备维修保障作业模式评价是一个多层次的综合评价。在获取了底层的数据后，首先通过归一化方法得到标准数据，然后需要将多个指标数据综合成一个单一数据，便于不同单位的指标相比较。目前，应用较为广泛的评价方法有模糊综合评价法、层次分析法、网络分析法、粗糙集等，本节仅以模糊综合评价法、层次分析法举例。

### 一、模糊综合评价模型

模糊综合评价法由汪培庄在20世纪80年代初提出的，它从多个方面对评价对象做出一个综合评价，可以解决许多问题。影响装备维修保障作业模式效能的因素很多，该评估问题属于多属性决策问题。在这些因素中，有些因素可以量化，有些因素难以量化，并且各种因素影响的程度不同，模糊综合评价法可以较好地解决这些问题。

模糊综合评价法的基本过程是首先将评价目标看作是多种因素组成的模糊集合(因素集),然后设定这些因素选取的评审等级,组成评语模糊集合(评价集),分别求出各单个因素对评审等级的归属度(模糊矩阵),最后根据各个因素在评价目标中的权重分配,通过计算求出评价的量化解。其计算过程具体如下。

(1) 确定因素集 $\mathbf{U} = \{u_1, u_2, \ldots, u_n\}$,$u$ 表示影响目标评价的因素。

(2) 确定评价集 $\mathbf{V} = \{v_1, v_2, \ldots, v_m\}$,$v$ 表示影响目标评价值的等级。

(3) 单个因素评价,通常采用多位专家打分的方法。对单个因素 $R_i (i = 1, 2, \cdots, m)$ 进行评判,将 $n$ 个因素的评判集组成一个总的评价矩阵 $\mathbf{R}$,即

$$\mathbf{R} = \begin{bmatrix} R_1 \\ R_2 \\ \vdots \\ R_n \end{bmatrix} = \begin{bmatrix} r_{11} & r_{12} & \cdots & r_{1m} \\ r_{21} & r_{22} & \cdots & r_{2m} \\ \vdots & \vdots & & \vdots \\ r_{n1} & r_{n2} & \cdots & r_{nm} \end{bmatrix}$$

(4) 权重集的建立。利用层次分析法确定各个因素的权重 $\mathbf{W} = (w_1, w_2, \cdots, w_n)$。同时,各个权重系数应该满足归一和非负的条件,即所有因素的权重系数的和为1。

(5) 综合评价。从单个因素评价矩阵 $\mathbf{R}$ 可以看出 $\mathbf{R}$ 的第 $i$ 行反映了第 $i$ 个因素影响评价对象隶属于各个评语集的程度;$\mathbf{R}$ 的第 $j$ 列反映了所有因素影响评价对象隶属于第 $j$ 个评语集元素的程度。当权重集 $\mathbf{W}$ 和单因素评判矩阵 $\mathbf{R}$ 已知时,可得综合评价矩阵,即

$$\mathbf{B} = \mathbf{W} \circ \mathbf{R} = (w_1, w_2, \cdots, w_n) \circ \begin{bmatrix} r_{11} & r_{12} & \cdots & r_{1m} \\ r_{21} & r_{22} & \cdots & r_{2m} \\ \vdots & \vdots & & \vdots \\ r_{n1} & r_{n2} & \cdots & r_{nm} \end{bmatrix} = (b_1, b_2, \cdots, b_m)$$

式中:"。"表示合成运算。

一般有四种不同的模糊综合评价法的计算模型,即"取大取小型——主因素决定型、乘积取大型——主因素突出型、取小上界和

型、乘积求和型"。乘积求和型对所有因素依据权重大小均衡兼顾，适用于多个因素起作用的情况，这里采用此运算，即

$$\begin{cases} b_j = \sum_{i=1}^{n} w_i r_{ij} \\ j = 1, 2, \cdots, m \end{cases}$$

将 $B = (b_1, b_2, \cdots, b_m)$ 归一化，得

$$B' = (b'_1, b'_2, \cdots, b'_m)$$

（6）二级综合评判。

设第一级评估因素集为

$$\mathbf{U} = \{u_1, u_2, \cdots, u_n\}$$

各评估因素相应的权重集为

$$\mathbf{W} = \{w_1, w_2, \cdots, w_n\}$$

第二级评估因素集为

$$\mathbf{U}_i = \{u_{i1}, u_{i2}, \cdots, u_{ik}\}, i = 1, 2, \cdots, n$$

对应的权重集为

$$\mathbf{W}_i = \{w_{i1}, w_{i2}, \cdots, w_{ik}\}$$

相应的单因素评判矩阵为

$$\mathbf{R}_i = [r_{ij}]_{k \times m}, l = 1, 2, \cdots, k$$

二级综合评判数学模型为

$$\mathbf{B} = \mathbf{W} \circ \begin{bmatrix} W_1 \circ R_1 \\ W_2 \circ R_2 \\ \vdots \\ W_n \circ R_n \end{bmatrix}$$

式中：$\mathbf{B}_i = \mathbf{W}_i \circ \mathbf{R}_i, i = 1, 2, \cdots, n$。

## 二、层次分析法确定指标权重

确定权重的方法很多，采用层次分析法确定各个指标的权重。层次分析法首先通过因素之间的两两比较得到判断矩阵，然后通过一定的运算得到各个指标相对于上层指标的权重，最后通过运算得到各个因素相对于总目标的权重。其主要确定指标权重的步骤如下。

（1）分析相关因素间的关系，建立递阶层次结构，如图 8-4 所示。

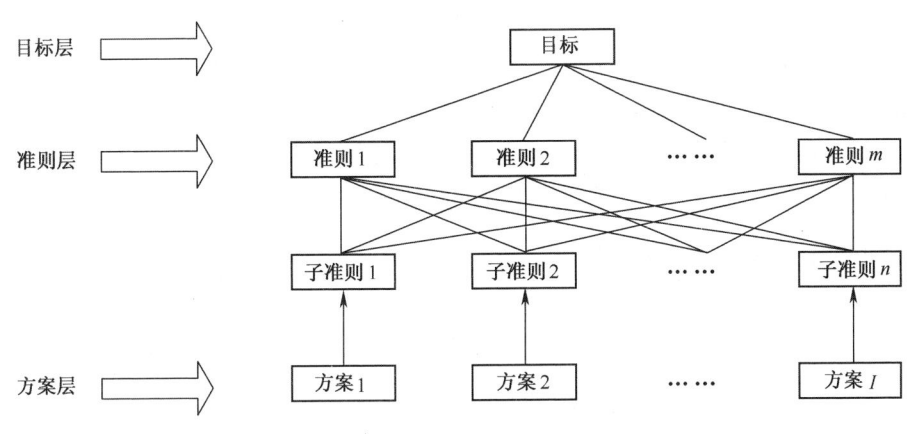

图 8-4 层次结构图

（2）构造判断矩阵。

$n$ 个比较因素构成的判断矩阵为

$$\boldsymbol{B} = (b_{ij})_{n \times n}$$

判断矩阵具有性质为

$$\begin{cases} b_{ij} > 0 \\ b_{ij} = \dfrac{1}{b_{ji}} \\ b_{ii} = 1 \\ i,j = 1,2,\cdots,n \end{cases}$$

$b_{ij}$ 的值由判断矩阵 1~9 标度表决定，见表 8-2 所列。

表 8-2 标度表

| 标度 | 含 义 |
|---|---|
| 1 | 两个因素比较，具有同等重要性 |
| 3 | 两个因素比较，一个因素比另一个因素稍微重要 |
| 5 | 两个因素比较，一个因素比另一个因素明显重要 |
| 7 | 两个因素比较，一个因素比另一个因素强烈重要 |
| 9 | 两个因素比较，一个因素比另一个因素极端重要 |
| 2,4,6,8 | 上述两个相邻标度判断的中值 |
| 倒数 | 相邻两个因素交换次序的重要性比较 |

在理想的情况下,判断矩阵应该满足 $b_{ik} = b_{ij}b_{jk}$, $i,j,k = 1,2,\cdots,n$ 的要求,表示判断矩阵具有完全一致性。然而,由于人类对事物认识的差别,要求一个判断矩阵具有完全一致性是很困难的,通常要求矩阵中的因素基本合理,彼此之间不应有太大的矛盾。因此,判断矩阵需要进行一致性检验。

(3)层次单排序。根据判断矩阵计算本层次各因素相对重要的权值,层次单排序可以归结为计算判断矩阵的特征根和特征向量,即对判断矩阵 $B$,计算满足

$$Bw = \lambda_{\max} w$$

的特征根和特征向量。

(4)判断矩阵的一致性检验。

其计算公式为

$$CR = \frac{CI}{RI}$$

式中:CR 为检验系数;CI 为平均一致性指标;RI 为随机一致性指标。

$$CI = \frac{\lambda_{\max} - n}{n - 1}$$

式中:$\lambda_{\max}$ 为判断矩阵 $A$ 的最大特征根;当 CI = 0 时,$\lambda_{\max} = n$,判断矩阵具有完全一致性。

通过表 8-3 所列,可以查出相应的平均随机一致性指标 RI。

表 8-3 平均随机一致性指标

| 阶数 | RI | 阶数 | RI | 阶数 | RI |
| --- | --- | --- | --- | --- | --- |
| 1 | 0 | 4 | 0.90 | 7 | 1.32 |
| 2 | 0 | 5 | 1.12 | 8 | 1.41 |
| 3 | 0.58 | 6 | 1.24 | 9 | 1.45 |

通过计算,当 CR < 0.1 时,判断矩阵一致性较为合理,否则需要调整判断矩阵,重新进行一致性检验。

(5)层次总排序。指标的权重进行由下至上的聚合运算,即可得到各因素相对于总目标的权重向量 $W$。

# 第四节 陆军部队级装备维修保障作业模式评价实例

以某集团军勤务支援旅两个修理营为评估对象,按照上述方法构建指标体系,确定指标权重并且分别进行综合评判,其总体步骤如图 8-5 所示。

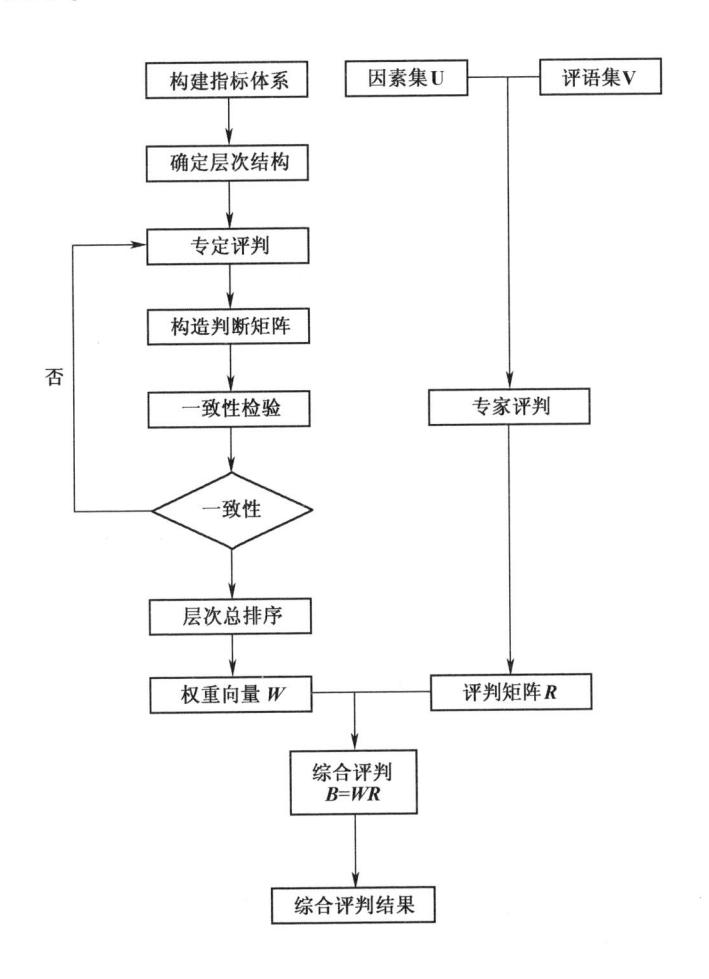

图 8-5 综合评判具体步骤和流程

(1) 建立指标体系因素集,其层次结构如图 8-6 所示。
(2) 建立指标评价集 $\mathbf{V} = \{V_1, V_2, V_3, V_4\} = \{优,良,中,差\}$。评

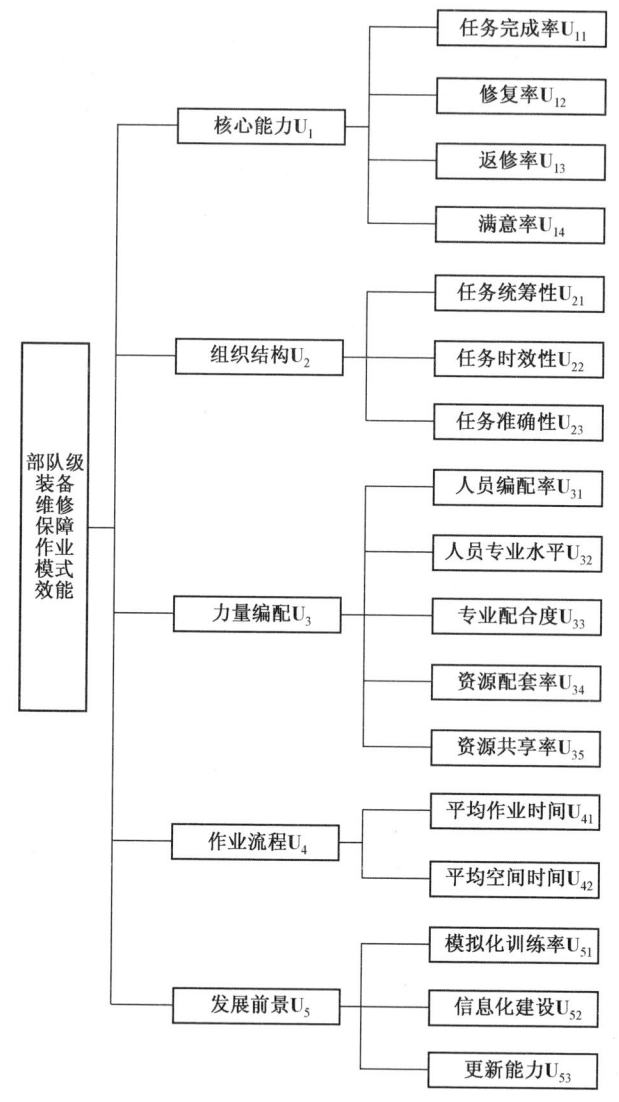

```
                                    ┌─ 任务完成率U₁₁
                      ┌─ 核心能力U₁ ─┼─ 修复率U₁₂
                      │             ├─ 返修率U₁₃
                      │             └─ 满意率U₁₄
                      │
                      │             ┌─ 任务统筹性U₂₁
                      ├─ 组织结构U₂ ─┼─ 任务时效性U₂₂
部队级                │             └─ 任务准确性U₂₃
装备                  │
维修                  │             ┌─ 人员编配率U₃₁
保障 ─────────────────┤             ├─ 人员专业水平U₃₂
作业                  ├─ 力量编配U₃ ─┼─ 专业配合度U₃₃
模式                  │             ├─ 资源配套率U₃₄
效能                  │             └─ 资源共享率U₃₅
                      │
                      ├─ 作业流程U₄ ─┬─ 平均作业时间U₄₁
                      │             └─ 平均空间时间U₄₂
                      │
                      │             ┌─ 模拟化训练率U₅₁
                      └─ 发展前景U₅ ─┼─ 信息化建设U₅₂
                                    └─ 更新能力U₅₃
```

图 8-6 部队级装备维修保障作业系统效能评价指标体系层次结构

价集的评价标准见表 8-4 所列。

表 8-4 评价集的评价标准

| 程度 | 评价标准 |
| --- | --- |
| 优 | 能力很强、水平很高、质量很好、有很好的发展潜力 |
| 良 | 能力较强、水平较高、质量较好 |
| 中 | 能力一般、水平有限、质量一般 |
| 差 | 能力较差、水平不高、质量缺陷多、急需改进 |

（3）依据拟定的评价等级和相关数据,综合10位专家意见对各个指标影响因素进行综合评判。统计结果后,由层次分析法确定各个指标的权重并得出专家的模糊评价,见表8-5所列。

表8-5 装备维修保障作业模式效能指标权重值及隶属度

| 评价因素 | 权重 | 子因素 | 权重 | 评价等级 | | | |
|---|---|---|---|---|---|---|---|
| | | | | 优 | 良 | 中 | 差 |
| 核心能力 | 0.33 | 任务完成率 | 0.3 | 0.4 | 0.3 | 0.1 | 0.2 |
| | | 修复率 | 0.2 | 0.3 | 0.3 | 0.3 | 0.1 |
| | | 返修率 | 0.2 | 0.4 | 0.2 | 0.3 | 0.1 |
| | | 满意率 | 0.3 | 0.3 | 0.3 | 0.3 | 0.1 |
| 组织结构 | 0.21 | 任务统筹性 | 0.3 | 0.3 | 0.2 | 0.4 | 0.1 |
| | | 任务时效性 | 0.4 | 0.5 | 0.3 | 0.2 | 0 |
| | | 任务准确性 | 0.3 | 0.4 | 0.3 | 0.2 | 0.1 |
| 力量编配 | 0.15 | 人员编配率 | 0.1 | 0.3 | 0.3 | 0.4 | 0 |
| | | 人员专业水平 | 0.2 | 0.3 | 0.2 | 0.5 | 0 |
| | | 专业配合度 | 0.4 | 0.3 | 0.2 | 0.4 | 0.1 |
| | | 资源配套率 | 0.2 | 0.3 | 0.2 | 0.4 | 0.1 |
| | | 资源共享率 | 0.1 | 0.4 | 0.3 | 0.2 | 0.1 |
| 作业流程 | 0.14 | 平均作业时间 | 0.6 | 0.2 | 0.4 | 0.4 | 0 |
| | | 平均空闲时间 | 0.4 | 0.3 | 0.4 | 0.2 | 0.1 |
| 发展前景 | 0.17 | 模拟化训练率 | 0.4 | 0.3 | 0.4 | 0.2 | 0.1 |
| | | 信息化建设 | 0.4 | 0.3 | 0.4 | 0.3 | 0 |
| | | 更新能力 | 0.2 | 0.3 | 0.3 | 0.2 | 0.1 |

（4）计算模糊评价矩阵 $R$。利用公式 $B = W \circ R$,求出每个指标的隶属度,并进行归一化处理,即

$$B_1 = W_1 \circ R_1 = (0.3, 0.2, 0.2, 0.3) \circ \begin{bmatrix} 0.4 & 0.3 & 0.1 & 0.2 \\ 0.3 & 0.3 & 0.3 & 0.1 \\ 0.4 & 0.2 & 0.3 & 0.1 \\ 0.3 & 0.3 & 0.3 & 0.1 \end{bmatrix}$$

$$= (0.35, 0.28, 0.24, 0.13)$$

同理,得 $B_2, B_3, B_4$。

由此可以得到关于总效能的隶属度矩阵,即

$$B = W \circ R = (0.33, 0.21, 0.15, 0.14, 0.17) \circ \begin{bmatrix} 0.35 & 0.28 & 0.24 & 0.13 \\ 0.37 & 0.27 & 0.26 & 0.06 \\ 0.31 & 0.22 & 0.30 & 0.07 \\ 0.24 & 0.40 & 0.32 & 0.04 \\ 0.26 & 0.30 & 0.28 & 0.06 \end{bmatrix}$$

$= (0.3175, 0.2891, 0.2712, 0.0818)$

归一化,得

$$B = (0.33, 0.30, 0.28, 0.09)$$

评估结果表明在评估某单位的装备维修保障作业模式运用效果时,33%的专家认为优,30%的专家认为良,28%的专家认为中,只有9%的专家认为差。若综合专家意见,则需要将评价综合为一个数,因此采用加权平均法进行综合评分。

（5）按照评分标准进行评分。

设定综合评分标准,见表8-6所列。

表8-6 评价标准表

| 等级描述 | 分数 | 等级描述 | 分数 |
| --- | --- | --- | --- |
| 优 | 90 | 中 | 50 |
| 良 | 70 | 差 | 30 |

对照评分标准表求出综合效能得分 $F$,即

$F = 0.33 \times 90 + 0.3 \times 70 + 0.28 \times 50 + 0.09 \times 30 = 67.4$

对于某装备维修保障单位作业模式进行评估,可以按照上述方法进行同样的综合评价。根据评价结果选出综合效能得分较高的单位,可以为装备维修保障运用决策提供一定的依据。

# 本章小结

本章首先针对部队级装备维修保障作业模式的特点,借鉴了系统评价与建模的思想,分析了装备维修保障作业模式评价的概念、要

素、原则以及程序;然后基于综合协调的理念,从核心能力、组织结构、力量编配、作业流程和发展前景五个方面建立了指标体系,并运用模糊综合评价方法建立了评价模型;最后结合一个实例开展了陆军部队级装备维修保障作业模式评价的具体过程,为评价陆军部队级装备维修保障作业模式效能提供了一种方法。

# 第九章　总结与展望

当前,我军体制、编制改革基本完成,部队正处在提升战斗力和保障力的关键时期。随着新式装备不断列装、职能任务不断拓展、保障标准不断提高,相应的保障装备须要更替、保障条件须要改进、保障模式须要创新,不断加快优化装备维修保障作业的方法和手段。在研究和分析大量装备维修保障、自组织理论、系统理论等相关文献的基础上,针对现阶段部队级装备维修保障作业的矛盾和问题,以提升装备维修保障效益和效率为目标,采用定性和定量结合分析的方法,从需求分析、模式构建以及任务统筹、作业编组、流程分析三个关键层面进行研究。明确了陆军部队级装备维修保障作业模式研究的背景、目的、意义、现状和思路等内容,形成了陆军部队级装备维修保障作业模式的相关理论和方法,为陆军部队和相关机构装备维修保障工作的开展和研究提供理论支撑和借鉴。

## 第一节　研究工作内容

（1）梳理了陆军部队级装备维修保障作业的现状,总结了当前存在的问题。运用SWOT模型分析了陆军部队级装备维修保障作业的需求,提出了装备维修保障作业模式的总体构想,为深入研究装备维修保障作业模式的具体内容指明了方向。

（2）理清了装备维修保障作业任务统筹的思路,在部队级装备维修保障任务分类和统筹现状分析的基础上,明确了任务统筹的方式并且运用基于QFD模型对同级修理分队的装备维修保障任务进行了区分。

（3）在总结陆军部队级装备维修保障力量构成及现状的基础

上,通过介绍力量编组的整体步骤,提出了作业编组的主要做法,并且运用基于解聚过程的装备维修保障力量作业编组的分析方法,为编组方案的制定提供了一种思路。

(4) 深入研究了装备维修保障作业的一般流程,针对装备维修保障周期过长、资源浪费等问题,选择 IDEF3 作为装备维修保障作业流程建模工具,结合部队工作实际情况进行建模分析,指出当前装备维修保障作业的问题,对陆军部队级装备维修保障作业一般流程进行了优化。

## 第二节　创新工作总结

(1) 提出了"基于网络信息体系的随需自组织装备维修保障作业模式"。从维修保障需求出发,在分析传统装备维修保障作业的基础上,结合陆军转型建设和新时期部队级装备维修保障作业模式创新的紧迫性,系统分析了基于网络信息体系的随需自组织装备维修保障作业模式的基本内涵、能力构成、运行支撑和关键问题。

(2) 运用系统分析的方法,构建了陆军部队级装备维修保障作业模式的需求分析模型,并且从系统的角度对装备维修保障作业进行了系统化解析,揭示了装备维修保障作业模式创新的逻辑,提出了创新装备维修保障作业模式的方法途径。

(3) 解决了陆军部队级装备维修保障作业模式创新的三个基本问题,即作业任务统筹、作业力量编组和作业流程优化。在作业任务统筹方面,提出了"业务机关统一计划、调度机构统一调度、专业工种统一作业"的统筹方式,并且运用基于 QFD 模型对同级修理分队的维修保障任务进行了区分;在作业力量编组方面,提出了装备维修保障作业力量编组的主要做法,运用聚合解聚的方法进行作业编组,提升随需自组织装备维修保障作业编组的科学性;在作业流程优化方面,运用 IDEF3 的分析方法对作业流程进行分析,提出装备维修保障作业流程优化的方法途径,从而提升装备维修保障作业的效率。

## 第三节　未来工作展望

通过对陆军部队级装备维修保障作业内涵的深入研究,在分析现状和需求的基础上,明确提出了"基于网络信息体系的随需自组织装备维修保障作业模式",并对其内涵进行了阐述,分别从任务、力量、流程三个层面进行分析,对于丰富和完善装备维修保障作业模式理论体系意义重大。这些研究成果从理论和实践上均具有一定的创新性和突破性,对部队级装备维修保障作业具有一定的参考价值和指导意义。装备维修保障作业尽管在各单位实践中较为成熟,但相应理论研究还不够深入,可以提供借鉴的理论成果较少。受时间和篇幅的限制,有些方面研究的还不够系统,未来还需要在以下几个方面进一步研究。

(1) 深入拓展装备维修保障作业模式的研究范围,从作业规划、作业管理、作业训练、作业评估、战时作业指挥等方面进行研究,使其内容更为详实、范围更为全面、理论体系更加完整。

(2) 结合陆军装备维修保障转型实际需求和工作实践,进一步完善研究内容,开展重点环节的技术研究和实践攻关。

随着陆军装备维修保障加快转型,未来将会出现更多的理论与现实性问题。这些机遇和挑战激励我们不懈探索前行,为丰富和发展我军装备维修保障理论与实践,加快陆军装备维修保障转型做出更多的努力。

# 参 考 文 献

[1] 全军军事术语管理委员会,军事科学院. 中国人民解放军军语(简本)[M]. 北京:军事科学出版社,2011.
[2] 《深化装备保障体制改革实施意见》[G]. 北京:原总装综合计划部,2012.
[3] 中国军事百科全书编审委员会. 中国军事百科全书:军事装备[M].2版. 北京:中国大百科全书出版社,2016.
[4] 龚传信. 军事装备学教程[M]. 北京:解放军出版社,2004.
[5] 余高达,赵潞生. 军事装备学[M]. 北京:国防大学出版社,2007.
[6] 李智舜. 军事装备保障学教程[M]. 北京:军事科学出版社,2012.
[7] 舒正平. 军事装备维修保障学[M]. 北京:国防工业出版社,2013.
[8] 辞海编辑委员会. 辞海[M].5版. 上海:上海辞书出版社,2000:1596.
[9] 郭正朝. 关于管理模式的理论探讨[J]. 广播电视大学学报,2004(1):66-70.
[10] 袁野. 信息化战争通用装备保障模式研究[D]. 石家庄:军械工程学院,2005.
[11] 陈智勇,赵明,肖振华. 新型复杂装备维修保障模式改革思考[J]. 装备学院学报,2013(5):15-18.
[12] 蔡丽影,孙江生. 美国陆军两级维修作业体系研究[M]. 北京:军事科学出版社,2015.
[13] 蔡丽影,毛丰超,王凯,等. 美陆军两级维修体制改革及启示[J]. 装备学院学报,2014(5):40-44.
[14] MORROW J E. Army materiel maintenance policy [EB/OL]. [2013-01-10]. http://www.army.mil/uaspa/epubs/750_Series_Collection_1.html.
[15] Office of the Deputy Under Secretary of Defense (Logistics and Materiel Readiness). DoD materiel readiness and maintenance policy fact book [EB/OL]. [2013-01-10]. http://www.acq.osd.mil/log/mppr/.
[16] 徐鹏,徐宗昌. 美军装备维修改革现状及对我军维修改革的思考[J]. 通用装备保障,2002(9):47-48.
[17] 蔡丽影,杜茜,周云川,等. 美军新型复杂装备维修保障模式及启示[J]. 装备学院学报,2013(5):10-14.
[18] BELL J. Condition based maintenance plus DoD guidebook [EB/OL]. [2013-01-10]. http://www.acq.osd.mil/log/mrmp/cbm+/Army/CBM+.pdf.
[19] 程中华. 武器维修器材管理重组方法研究[D]. 石家庄:军械工程学院,2001.
[20] 厉铁峰. 陆军部队装备维修保障作业的新模式[J]. 装备学术,2013(2):71-73.
[21] 汪烈兵,叶振瑞. 基于"四合四统"的装备维修保障新模式探索研究[J]. 军械维修工程研究,2013(4):33-35.
[22] 冯广斌. 装备维修保障体制及其影响因素分析[J]. 军械,2015(1):3-5.

[23] 于召里. 信息化条件下武器装备维修保障的思考[J]. 自动化指挥与计算机,2013(3): 61-64.

[24] 李向峰,胡长义. 两极维修作业体系下新型军械装备维修保障需把握的重难点问题 [J]. 军械,2015(4):26-27.

[25] 肖振斌,宋书良. 适应军旅营特点不断提升现有装备维修保障能力[J]. 军械维修工程研究,2009(1):24-26.

[26] 刘文东. 陆军通用装备维修保障建设存在的问题与对策[J]. 装备学术,2007(4):49-51.

[27] 张立尧. 优化维修方式与作业体系加速推进装备保障体制改革[J]. 军械,2016(1): 25-26.

[28] 刘千寿. 大型复杂武器系统维修保障方式探析[J]. 军械.2013(4):30-31.

[29] 朱道武. 对陆军部队装备维修保障转型的思考[J]. 军械.2011(1):31.

[30] 刘铁林. 基于活动本质的装备保障创新研究[M]. 北京:解放军出版社,2016.

[31] 李伟. 车辆装备维修作业方式优化研究探析[J]. 军用汽车,2014(4):52-53.

[32] 高存明. 浅析新型装备维修保障的问题与对策[J]. 装甲兵技术学院学报,2009(1): 19-21.

[33] 张新军. 我军车辆维修保障模式创新浅谈[J]. 装备学术,2012(3):46-47.

[34] 刘兵. 提高装甲装备基层级维修管理效益之我见[J]. 装甲兵技术学院学报,2013,9 (3):40-43.

[35] 徐鸿彬,李成. 浅谈修理分队装备维修保障方式转变[J]. 军械维修工程研究,2012,29 (1):38-39.

[36] 野战武. 军械装备维修保障单元化组配模式研究[D]. 石家庄:军械工程学院,2005.

[37] 张涛,褚立新,祁立雷. 加强管理提高维修保障装备质量. 应用高技术提高维修保障能力会议论文集[C].[出版地不详]:[出版者不详],2005:793-795.

[38] 郭霖瀚,康锐. 基本作战单元修复性维修过程建模仿真[J]. 北京航空航天大学学报, 2007,33(1):27-31.

[39] 胡武堂. 基于任务饱和度的战术装备维修保障力量调度模型研究[D]. 石家庄:军械工程学院,2009.

[40] 岳强斌,柏彦奇. 装备维修保障系统重组理论研究[D]. 石家庄:军械工程学院,2013.

[41] 欧渊. 装备维修流程设计方法及其应用研究[D]. 石家庄:军械工程学院,2010.

[42] 石全,王立欣,史宪铭,等. 系统决策与建模[M]. 北京:国防工业出版社,2016.

[43] 陈欣,张勇. 关于光电装备维修方式与作业体系改革的思考[J]. 军械,2016(1): 32-33.

[44] 何文庆,邓忠卫. QFD方法在部队装备保障设施建设需求分析中的应用[J]. 炮学杂志,2013(3):110-113.

[45] 刘铁林. 信息化条件下装备保障力生成模式[M]. 北京:解放军出版社,2017.

[46] 刘增勇,刘建华,王勇,等. 边境通道作战通用装备维修力量编组[J]. 军事交通学院学

报,2014(3):35-38.

[47] 杨鹏. 陆军野战防空装备体系化保障研究[D]. 南京:陆军工程大学,2017.

[48] 吴秀鹏,张春润,刘亚东,等. 陆军部队装备保障力量模块化研究[J]. 装备指挥技术学院学报,2010,21(3):31-37.

[49] 胡熙飞. 战术侦察力量编组模块化研究[D]. 南京:中国人民解放军国际关系学院,2007.

[50] 吕力,王晖. 装备保障力量编组优化研究[J]. 东南军事学术,2012(2):79-81.

[51] 刘善同. 装备维修保障单元编组与运用研究[J]. 军械,2013(1):20-21.

[52] 徐鸿彬,李成. 浅谈修理分队装备维修保障方式转变[J]. 军械工程研究,2012,29(1):38-39.

[53] 宋朝阳. 装甲师装备保障力量编组运用[J]. 坦克兵学刊,2010(2):40-41.

[54] 韩震,卢昱,古平,等. 面向任务的装备维修保障力量解聚方法[J]. 火力与指挥控制,2015,40(2):27-31.

[55] 刘施然. 防空旅装备维修保障系统聚合解聚方法研究[D]. 石家庄:军械工程学院,2012.

[56] KAPLAN R B, MURDOCK L. Core Process Redesign[J]. The Mckinsey Quarterly,1991,2(2):27-43.

[57] 岳强斌,董良喜. 基于IDEF3的部队装备中修业务流程[J]. 军械工程学院学报,2012(6):10-14.

[58] K B. Business Process Modelling-Language, Goals and Variabilities[D], Vienna:Vienna University of Technology, 2008.

[59] I Z. Business-process reengineering:A design perspective[J]. International of Flexible Manufacturing Systems,2000,12(4):247-252.

[60] 贾红丽,王健,邓立杰. 后装合并部队装备业务流程优化研究[J]. 装甲兵工程学院学报,2014,28(2):7-11.

[61] 王健,贾红丽. 后装合并部队装备业务流程优化[D]. 石家庄:军械工程学院,2014.

[62] 郑显柱,王树礼,罗建华,等. 数字化部队装备维修保障业务流程再造研究[J]. 装甲兵工程学院学报,2011,25(2):17-22.

[63] CHAO K M, SMITH P, WILLIAM H. Knowledge sharing and reuse for engineering design integration[J]. Expert Systems with Applications,1998,14(3):399-408.